好方法胜过好老师

李景龙　张素兰　著

内蒙古出版集团

内蒙古科学技术出版社

图书在版编目(CIP)数据

好方法胜过好老师 / 李景龙,张素兰著. —赤峰:
内蒙古科学技术出版社,2014.3(2020.2重印)
ISBN 978 - 7 - 5380 - 2396 - 1

Ⅰ.①好…　Ⅱ.①李…②张…　Ⅲ.①中学生—学习
方法　Ⅳ.①G632.46

中国版本图书馆 CIP 数据核字(2014)第 048015 号

好方法胜过好老师

作　　者：李景龙　张素兰
责任编辑：季文波
封面设计：永　胜
出版发行：内蒙古出版集团　内蒙古科学技术出版社
地　　址：赤峰市红山区哈达街南一段 4 号
网　　址：www.nm-kj.cn
邮购电话：(0476)5888903
排版制作：赤峰市阿金奈图文制作有限责任公司
印　　刷：天津兴湘印务有限公司
字　　数：200 千
开　　本：700mm×1010mm　1/16
印　　张：10
版　　次：2014 年 3 月第 1 版
印　　次：2020 年 2 月第 8 次印刷
书　　号：ISBN 978 - 7 - 5380 - 2396 - 1
定　　价：58.00元

序言

◎ 好方法胜过好老师

国赫孚

"会学"与"学会"的关系,以及"好学"与"学好"的关系,如同蛋生鸡、鸡生蛋的关系,它们相得益彰,互相依存,不可偏废。

诸多成功人士的案例表明,成功需要一个基本的品质,就是"现实压不倒梦想"。然而现实生活中,在极端功利化的挤压下,有太多的教师、学生与家长,其梦想屈从于现实。只顾及"学会",忽视了"会学";只顾及"学好",忽视了"好学"。这样的现象相当普遍,其共同点在于:现实压倒了梦想。

爱学习、会学习与梦想同在。学习最本质的意义,在于给学习者带来改变。对于爱学习、会学习的人来说,他能找到实现梦想的渠道;对于不爱学习、不会学习的人来说,现实和梦想之间将被长期阻隔。

所以,关注人的可持续发展,就要关注他们是否爱学习,是否会学习。

有人把"会学习"看作"会吃饭"一样简单。其实,"会吃饭"并不是简单的事情。会吃饭,要吃得科学,吃得健康,吃得卫生,吃得舒心,吃得长寿,吃得文明,吃得经济。同样,会学习,也应有正确的学习观念,积极的学习态度,科学的学习方法,明智的学习战略,持续的学习能力,美好的学习道德。这些优秀的学习品质不都是天生就有的,它是自身学习的结果,是师长指导与教育的结果。

学会饮食,需要饮食教育;学会健康,需要健康教育;学会爱国,需要爱国教育;学会环保,需要环保教育。同样,学会学习,也要进行学习教育。

学习教育的教学策略与管理模式是天津市教育界在素质教育实践形式上的一个独创。在这方面,郑秉泇先生带领兴国学校开启了先河。本书的两名作者是郑秉泇先生的及门弟子,是学习教育的研究者、实践者。在天津中学工作期间,他们在高质量完成物理、化学课教学任务的同时,还创办了天津中学初中实验班高效学习训练营,创办了天津中学初中实验班学习咨询室。在这同时,还主持、承担市级教育科研课题,在报纸上开辟"学习诊断"专栏,并成为《天津教育报》家庭教育专家报告团成员。

他们的这些研究与实践,其深层有一种"己欲立而立人"的发展理念,他们是在通过帮助别人成功,来实现自身的价值。本书定名为《好方法胜过好老师》,它以简

约的语言阐述了一个哲理:学习是自己的事情,教师的指导只是一个外部条件,外因的作用只有通过内因的变化才能发挥作用。

其实,书中阐述的内容与观点,已经远远超出了方法层次。学习具体的文化知识,这一行为指向学习者外部;对于学习的自省,则指向学习者内部。前者被太多的人过度关注,而后者则被人们忽略了。

在关注发展的过程中,尤其是关注可持续发展的过程中,我们需要学会眼睛向内,在优化学习的过程中自我调控、自我完善。也许,四匹马不能拉走一辆卡车,可是卡车自身的发动机有可能高于 400 马力。爱学习、会学习的优秀品质,就像是为学习者加装的发动机,它会助推学习者走向更高、更远的地方。

好老师,在助推我们成长之后,会逐渐成为记忆中的留存。可是好方法却不同,它可以永远和我们相伴相随。在这个意义上讲,《好方法胜过好老师》只是给我们抛出了一个话题,更多的思考,更多的探究,还是要靠我们自己。

（本文作者为数学特级教师、国家级骨干校长、天津中学校长）

目　录

应该知道的学习规律

应该确立的学习原则

应该掌握的学习技巧

应该养成的学习习惯

走出心理误区

附　录

后　记

好方法
胜过好老师

应该知道的
学习规律

开篇引言 规律是物质世界运动中存在的内在的、本质的、必然的联系。学习是有规律可循的认识过程。正确地认识学习规律，合理地应用学习规律，学习便主动；忽视、违背了学习规律，学习就被动。

学习规律是学习谋略、学习方法的生长点。在学习谋略"杠杆体系"中，它是杠杆的支点。

◎ 先入为主的占有规律

先入为主,就是人接受的信息以先前的印象为主。而且,这种印象一旦建立,就很难消除,很难被替代。

※ 先入为主(认识规律)

这是一个有趣而且足以说明问题的实验。

语文老师向学生展示了一幅照片,照片上映现出一个英俊的中年男子,此人前额宽阔,鼻梁挺拔,两眼有神,老师让同学们对中年男子进行肖像描写。

在 A 班,老师说:"此人是一位科学家。"在 B 班,老师说:"此人是一名罪犯。"

本来,肖像描写是一种客观描写,不需要也不应该加入感情色彩,但两个班的学生却在文中掺杂了浓厚的感情色彩。

A 班学生写道:这位科学家前额宽阔,代表着他胸怀坦荡;他两眼有神,代表着他的知识与智慧;他鼻梁挺拔,代表着他意志坚强……

面对同样一幅照片,B 班学生则袒露出自己不一样的心声。他们认为,这个罪犯前额宽阔,代表贪得无厌;鼻梁挺拔,代表死不改悔;两眼有神,代表心怀鬼胎……

之所以产生这样的效果,是因为不同的第一印象占据了他们的大脑。

大脑像是一张白纸,画啥有啥,写啥有啥。

大脑像是一片空地,种瓜得瓜,种豆得豆。

大脑里像是有着一排排空座,知识与信息总是先入为主,后来的信息一旦跟前面的知识与信息发生矛盾冲突,那么起决定作用的往往是先前的部分。

既然知识与信息是先入为主的,那么大脑就应该建立一个闸门,门前站立精锐的"哨兵",由它为真理放行,把错误拒之门外。

❀ 第一遍就学对,在大脑中种植真理(应用规律)

有的同学不知道先入为主的占有规律,不知道第一遍学习对于后续学习的影响之大,对于第一遍学习抱有无所谓的态度,这就给错误在大脑中的先入为主造成了可乘之机。大凡这样学习的,都寄希望于课后,寄希望于错了再改,这是学习的一个误区。错了再改,比开始就学对要困难几倍乃至几十倍。一些年长的人把学习的"学"读成"xiáo",终生难以纠正,就是因为错误的印象已经先入为主。

第一遍就学对,应该在两个方面下工夫:①课前充分预习;②课上集中精力。

❀ 像学习新知识一样进行阶段性复习,在大脑中铲除错误(应用规律)

无论怎样注意,我们在学习时都难以避免发生错误。阶段性复习时,切不可对于这样的错误视而不见,而应该像第一遍学习时那样审视一切知识。

阶段性复习,不是对原来知识的重复,更不应该强化错误,而应该在纠正错误、深化理解的过程中得以提高。

这种提高很困难,好比是考试交卷前的检查,本来错的却难以检查出来,为什么? 因为尽管错了,人们却习惯于按照原来的思路思考下去。这同样是因为先入为主。

看来,阶段性复习时应避免简单重复,应该像第一遍学习那样对知识进行再认识,这样就避免了一错再错,达到了提高的目的。

阶段性复习的质量是可以感知的。如果复习时充满了陈旧感,那么你就在原来的水平上徘徊;如果你在阶段性复习中有新鲜感,找到了新问题,发现了过去的错误,纠正了错误,加深了理解,拓宽了广度,那就意味着你的复习是成功的。

阶段性复习贵在求新。

◎ 先易后难的启动规律

叶剑英元帅曾经写过这样一首诗："攻城不怕坚,攻书莫畏难。科学有险阻,苦战能过关。"在科学的春天来临之际,叶帅以豪迈的诗句向广大科技工作者奏响了进军的号角。

科研需要攻关,学习也需要攻关。攻关,要有敢打敢拼的勇气,也要有善打善拼的战术。先易后难,就是善打善拼的战术之一。

❋ 先易后难　逐步启动(认识规律)

大脑需要启动,如同我们的身体。体育课上,在正式训练以前,老师先让同学们做几分钟的准备动作。准备动作不是核心内容,却是必要内容。没有准备动作,就不适应高强度的训练。

准备动作易,高强度训练难。先易后难,为的是启动。启动的过程就是先易后难的过程。大脑也是这样,每天的智力活动从易处开始,通过成功后的兴奋给大脑以激励,就会使它启动起来;反之,从难处开始,大脑就可能处于抑制状态。

学习中,需要先易后难,由浅入深,由表及里,切不可对于浅显的内容、表层的内容置之不理。

❋ 找准切入点(应用规律)

知道了先入为主的启动规律,找好解决问题的切入点,就能避免"狗咬刺猬无处下口"的难堪。对于学习有困难的学生来说,寻找切入点,使自己的学习启动起来,似乎是学习有所转机的起点。

1. 从易处开始

比如学习理科,初步理解概念的内涵,理解定理与定律,难度并不大,这算是易处,所以学习时首先应该达到这个要求。至于用这些概念和规律解决实际问题,可能因能力的差异而有所不同,可以在打好基础的前提下继续攻关。学习好的同学,是从简单的问题开始入手的;学习暂时困难的同学,更应该从简单的问题开始。

2. 从感兴趣的内容开始

兴趣是最好的老师。对于某部分内容感兴趣,是学好这部分内容的重要前提。抓住这个优势,将这些内容学习好,可以形成"星星之火",由此发扬光大,可以形成"燎原之势"。某学科的学习,由不入门到入门,常常要经历这样的过程。

兴趣的产生,有的来自先天性智能优势,有的来自后来的触发事件。组织小型攻关,实现小型突破,获取看得见、摸得着的成功,是激发兴趣的有效触发点之一。

3. 从优势学科开始

成绩优良的学生和成绩欠佳的学生,都可能存在学科之间的不平衡。对比之下,每个人都有自己的优势学科,或是潜在的优势学科。抓住自己的优势学科,从优势学科起步,由此扩展到其他学科,是一种可取的学习策略。优势学科能够给人带来信心,也能够给人带来学习方法上的启迪。

4. 从小步幅的移动开始

新东方的俞敏洪说:"有两种动物能够到达金字塔的塔尖,一种是雄鹰,另一种是蜗牛。"他戏称自己属于能够爬上塔顶的蜗牛。民间谚语也说:"不怕慢,就怕站。"这些,都阐述了朴素的发展智慧。

最缓慢的移动,也能带来位置的改变。这就是蜗牛和石头的不同。石头是静止的,而蜗牛是运动的。只要动起来,就会发现新的视角,就会有新的感觉,这就是探索的价值,就是实践的价值。

比如,抛开写作的为难情绪、畏难情绪,先写起来,想写什么就写什么,想怎么写就怎么写,在形成了初步的写作感觉之后,再去致力于研究写作的技巧。这样,写作技能就会在小步幅的移动中得以培养。

比如,如果读历史书没有兴趣,我们也可以先迈开步伐,看看书上的图片(包括人物图、场景图、历史地图等)。由图形再迁移到文字,就可能进入历史了。

比如,并不是所有的书都要细读,有的书可以"随便翻翻"。在"随便"的"翻翻"之间,我们就可能迈出了阅读的步伐,就可能享受到"开卷有益"的滋养。

小步幅的移动是简单的,把这样的简单事情坚持经常,坚持做好,就能做到"不简单"。

◎ 以理解为基础的记忆规律

※ 理解是记忆的基础（认识规律）

和记忆相关的两种现象是学习者不愿意看到的：一是记不住，二是忘得快。前者的表现是，记忆难似上青天；后者的表现是，记得快，忘得也快，该用的时候用不上。

上述两种现象，在表现形式上略有差别，但本质相同，因为它们同出一辙——缺乏理解。

谈起理解对记忆所起的作用，下面的心理学实验很有说服力。

棋盘上摆放着 25 个象棋子，这些棋子有规律地排布，呈现出攻守的态势。按照实验要求，一位象棋大师和一个不会下象棋的人用同样的时间记忆每一个棋子在棋盘上的位置。实验的结果是，象棋大师记住了，而那个不会下象棋的人只记住5 个。

象棋大师记住了，是因为他理解了。他按照内在联系把每四五个棋子联合成一个组（在大脑中只相当于一个），因而总体来说只相当于记住了四五个。不会下象棋的人则不同，他不知道每个棋子应有的作用，不知道棋子之间有什么联系，只能死记硬背，因而只记下了 5 个。

第二次做实验，还是那两个人，还是那个棋盘和那 25 个象棋子。所不同的是，把棋子杂乱无章地加以排列，难以找出彼此间联系。这时，象棋大师和不会下象棋的人一样，也是只记下了 5 个。

上述两次实验足以证明，理解是记忆的基础，以理解为基础的记忆才能牢固与持久，这就是以理解为基础的记忆规律。需要说明的是，理解记忆和机械记忆是记忆的两种方式，二者相互交融相互依存。随着年龄的增长、知识水平的提高，记忆的方式将逐步由以机械记忆为主过渡到以理解记忆为主。我们应主动地适应这一过渡，完成这一过渡。

理解，就是寻找知识之间的内在联系。象棋大师找到了棋子的联系，这就是他对于棋谱的理解。我们找到了知识之间的内在联系，这是我们对知识的理解。知识是由若干知识点组成的有机的整体，这些知识就好比是象棋的棋子。它们串联成线，连线成面，进而组成有序的立体结构。

理解，不是主观地把这些知识点连接起来，而是找到了这些知识之间的客观联系。找到了知识之间的内在联系，建立起彼此联系的网络，就可以在回忆和应用中顺藤摸瓜。

这里需要强调一点，所谓"理解"，除了理解知识点之外，更主要的是理解知识点之间的联系。培根说过："知识就是力量。"他所说的知识并不是指孤立的知识点，而是知识构成的体系。对于学习者来说，知识本身也不是力量，对于知识的应用能力才是力量。无论是在新授课的学习中还是在复习中，都不能满足于"知识点"的学习。当单一地关注"知识点"的时候，相当于只看到了棋盘上孤零零的棋子。

❀ 重在理解(应用规律)

理解是记忆的必由之路。

有的人，避开理解这一必经环节，单方面地在记忆方面下工夫，以为这是走捷径，省时间省力气，其实是走了弯路，到头来还是费时费力，弄巧成拙。这是因为，他难以把知识持久牢固地附着在脑际，属于"身外之物"。

理解记忆则不然。以理解为基础的记忆，才可以激活。理解了的知识，用起来才更加得心应手。

综上所述，我们的结论是：在理解与记忆之间一定要调整好精力的分配关系，包括语言学科、人文学科在内，都要在理解上下大工夫。

理解基础上的记忆，是水到渠成的事情。

有人以为，学习理科知识应该把工夫用在理解上，而文科知识的学习应该把工夫用在记忆上，这是一个观念上的错误。比如，中国近代史是一部侵略与反侵略、压迫与反压迫的历史，每一个事件都有它的来龙去脉，都是可以理解的，也只有理解了才可能记得牢靠。

总之，学习是艰苦的劳动，来不得半点儿虚伪，最巧妙的办法就是忠实地履行每一个艰苦的过程。谁有意回避这一段艰苦的过程，谁就在欺骗自己。

◎ 先快后慢的遗忘规律

记忆的过程,也就是战胜遗忘的过程。记忆和遗忘是同一事情的两个方面,它们相伴相随。认识遗忘的规律,将会帮助我们很好地记忆。

❋ 认识遗忘(理解规律)

前面讲到,记忆以理解为基础。然而,理解了就一定能记得牢吗?也不一定。这里有个克制遗忘的技巧问题。

心理学家艾宾浩斯率先对遗忘问题进行了专门研究,从而认识了遗忘的一般规律。

他选择使用了 13 个互不关联的音节,被测试的学生记住了这些音节以后,不复习,使之自然遗忘。经过实验发现,一个小时以后,记忆保持到44.2%;过了一天,记忆保持到33.7%;过两天,记忆保持到27.8%;过了六天,记忆保持到25.4%。在直角坐标系中,将这些点连接起来,即可以得到一条遗忘随着时间推移而不断变化的曲线,人称"艾宾浩斯遗忘曲线"。

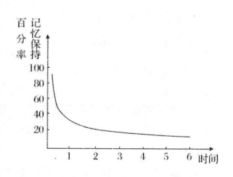

分析艾宾浩斯遗忘曲线可以看出:第一天所对应的曲线陡度最大,表示遗忘最快;第二天以后遗忘曲线趋近于平滑,表示遗忘速度变慢。遗忘曲线展示了先多后少、先快后慢的遗忘规律。

❋ 克制遗忘(应用规律)

1. 及时复习

遗忘曲线为我们克制遗忘提供了科学的理论依据。从某种角度讲,留存记忆的过程就是战胜遗忘的过程。高效的记忆是主动地克制遗忘,低劣的记忆是被动地修补遗忘。

由遗忘曲线可以看出:及时复习是对早期快速遗忘的有效克制,事半功倍;反之,过了一个星期乃至于一个月再复习,原来所学的知识已经所剩无几,这样的复习相当于重新学，必然事倍功半。

能否及时巩固是影响复习效果的关键因素之一，这就是认识先快后慢的遗忘规律的落脚点。我们的核心观点是：巩固性复习(以巩固为目的的复习)要及时，当天(尤其是当天晚上)复习最及时。

复习是记忆之母。复习贵在及时，但不是一次及时复习过后就牢固不化，一系列的后续复习还应安排在后头。再过3天、5天复习一次，复习的时间可以稍微短一些。这样，经过当天的及时复习和后续的跟进复习，该记忆的知识就能够得到保持了。

2. 合作复习

好的学习方式，是诸多好的学习细节的有机组合。

及时复习，是一个重要的学习细节。探求如耕耘，复习如收获，及时复习就是力求"颗粒归仓"。合作复习，也是一个重要的学习细节。如果说"及时复习"针对的是复习的时间间隔问题，那么"合作复习"针对的就是互动方式问题。

合作复习，是针对独立复习而言的，正如合作学习针对于独立学习。我们倡导合作复习，不是不要独立复习，而是要以合作复习补充独立复习。

合学教育的教学策略中，把课堂环境下的合作复习作为一个重要的学习环节。为了优化这一环节，教师要做很多耐心细致的工作，比如问题的设计、答案的引领、合作复习时长的确定、合作复习效果的检测。在课堂上，老师引领我们合作复习时，我们需要进行很好的配合。

我们也可以自己创造条件合作复习。通过日常的班内结组，或是我们的自由结组，可以进行自主的合作复习。与独立复习相比，合作复习有它的优越性。俗话说："一个人走，可以走得很快；大家一起走，可以走得很远。"合作复习，就是"大家一起走"的方式之一。

合作复习的内容可以很广泛。可以是宏观的，也可以是微观的；可以是知识，也可以是题目；可以是内容，也可以是思路；可以是收获，也可以是疑惑；可以是重复，也可以是创造；可以是启迪，也可以是补充。

合作复习的方式也可以是多样的。可以与自己的同学合作复习，也可以和家长合作复习。在跟家长讲解在校学习的内容时，我们能够感受到"教学相长"的乐趣。

◎ 温故知新的迁移规律

温故知新是一种教学方法,也是一种学习方法。这一策略之所以在教学领域被广泛认同,是因为它符合人们的认知规律。

❋ 知识是一棵树(认识规律)

知识之间有着不可分割的内在联系。正是在这个意义上,教育家孔子希望我们"学而时习之","温故知新"。

时至今天,人们不再"之乎者也"地把"学习"称作"学而时习之",而把它精练地浓缩成两个字"学习"。"学而时习之"突出了过程的组合,体现为"学习 = 学 + 习"。

"习"是温故,是实践;"学"是知新,是探究。可见,学习与"温故而知新"是一致的。温故与实践是前提,探索与知新是目的,这就显示了准备性复习的必要性。之所以要进行准备性复习,这是由知识的内在结构决定的。所谓"准备性复习",是指以学习新知识为目的而展开的对于相关旧知识的复习。

比如有一棵树,如果说旧知识是树干,那么新知识就是树干上长出的树枝;如果说旧知识是旧枝,那么新知识就是在旧枝上长出的新枝。总之,旧知识是新知识的生长点,学习新知识之前进行准备性复习,其目的就是培植新知识的生长点。

知识不是堆积而成的,不是拼凑而来的,而是在旧知识的基础上生长出来的。知识在于滋长,而不在于堆积。堆积的知识是死的,滋长的知识是活的。知识的增长方式是滋长。

心理学上,把从旧知识到新知识的过渡过程叫作迁移。从某种意义上说,学习的实质之一就是知识的不断迁移。可见,温故知新的过程也是知识的迁移过程,这就是温故知新的迁移规律。迁移离不开准备性复习。阐述温故知新的迁移规律,其落脚点在于认识准备性复习的必要性。

❋ 搞好准备性复习（应用规律）

只知道准备性复习的必要性通常是不够的,关键在于怎么做。对此,我们的建议是,准备性复习要少而精。

首先是少复习。生活的节奏,追赶得我们每个人像陀螺一般,紧张得喘不过气来。课业负担很重,时间有限,都迫使我们把复习的时间压缩到最低限度。

少复习是手段,以此可以更好地达到复习的目的。只有少,才可能好。否则,泛泛铺开,贪多求大,就不会有好的复习效果。

至于"少",也应有个尺度。是复习三分钟还是复习五分钟?是复习十个概念还是八个概念?都应该有个标杆。这里送给你的建议是"用啥复习啥"。

好比是医生给病人治病,病人缺什么就让他补什么。你缺维生素 A,他就在药方中开维生素 A;你缺维生素 B,他就在药方中开维生素 B。

准备性复习就是这样。该复习几个概念就复习几个概念,该复习几条规律就复习几条规律。总之,所复习的应该是马上要用到的(也就是预备知识)。这就是"用啥复习啥"。

应该给上面的一番话做一个小结了。择其要点,我们的想法是,准备性复习要少,要精,要做到"用什么复习什么"。

学会画脑图（应用规律）

温故知新的学习,它的特点是找联系,它的优点也是找联系。为此,我们在学习中要注意两点:一是千方百计地找联系,二是用清晰的脉络来描述这种联系。遗憾的是,在描述的手段上,我们探索的太少。《学习的革命》建议我们不要一行一行地做记录,而应该画脑图。画脑图是描述联系的好方法。

科学研究表明,大脑不是以一行一行的方式或一栏一栏的方式来存储信息的。大脑将信息存储在树干形状的树突上,用分类和关联的方式来存储信息。如果能够用大脑自身记忆的方法工作,你就能够学得更容易,更迅速。

我们的大脑蕴藏着巨大的潜力,如同一个沉睡的巨人。它大约有1000亿个活动神经细胞,每个细胞都可以长出多达两万个树枝状的树突用来存储信息,每个细胞就好像一个高功率的电脑。每一个细胞,通过一根根长长的树突传送信息,与其他细胞相连。

既然知识之间的联系呈现树形结构,那么,我们何不用树形结构的方式把知识存储到大脑中呢?这种方式叫作脑图法。

怎样画?大家可以参照以下几个要点:

(1)在图的中央,写出你研究的主题,然后画出从主题分散出来的分支。

(2)把相关内容,以最简单的语句记录在每一个分支上。

(3)按照上述的方法将亚分支的内容画出来。

❋ 写出个性化的笔记

世界上没有完全相同的两棵树,甚至是没有完全相同的两片树叶。知识既然是生长的,而不是复制的,那么学习的过程中就应该是个性化的,而不应该是简单复制与粘贴。我们每个人的生活经验、认知基础、智能优势都是有差异的,我们的知识之树也应该略有不同。在培植自己的知识之树时,我们应该写出个性化的学习笔记。

◎ 过程决定结果的因果规律

❋ 过程决定结果(认识规律)

有一位心理学家做过这样一个实验:在训练大学生练习射箭的过程中,将学生分成两组。甲组学生在不加指导的情况下进行瞄准射击(只注重学习的结果);乙组学生则是在教师的指导下,注意站立的姿势,拿弓的手法,射箭时用的力度。也就是说,乙组更注重学习过程,更注重学习技术。

经过几周的训练之后,两个组的合格者所占的比例相差悬殊,甲组远小于乙组。结果由过程决定,只有认真地、科学地对待过程,才能更加积极有效地创造成功。我们把这一规律叫作过程决定结果的因果规律。

❋ 重在过程(应用规律)

既然学习过程对于学习结果具有决定作用,那么,在学习中就应该克服淡化过程盲目追求结果的粗放学习模式,就应该把希望寄托在过程之中,把工夫用在过程之中。

1. 记学习日记,给自己的学习"录像"

人类学习的重要渠道之一,就是向自己的历史学习。可是有的时候,我们自己的所见所闻所做所思,就连自己也都说不清楚,这就好比是在能见度极低的大雾天气里

走路,难免会兜圈子,难免在兜圈子的过程中耗费时间做无用功。记学习日记就能够解决这个问题,因为记学习日记的过程就是一个自我回顾、自我反思的过程。

学习日记,使得自己学习的历史在回放与沉淀中逐渐清白,这样也给自己一个明白。通过写学习日记,回放历史,何去何从,不言自明。

学生是一种职业,学习是一份工作,学习是学生这一职业的专门工作。为此,我们在关注所学内容的同时,还应该把学习活动当作专门的研究对象。这样,研究学习,反思学习,才能优化学习。我们说的"记学习日记",就是以学习活动为关注点的日记。如果很多同学都有写学习日记的习惯,那么我们还可以相互交流学习心得,甚至是在班会上交流。我们把这样的班会,叫作"学研会"。

2. 狠抓知识学习上的重要细节

这里引入一个说法,叫作"重要细节",目的是为了区别于那些一般性的宏观问题与微观问题。抓住宏观结构能使人总揽全局,但是只抓宏观问题会导致具体目标不能落实;抓住微观问题有助于突破细节,但是只抓住细节又往往陷入琐碎不能自拔。"重要细节"则不然,它既不像宏观问题那样宏大,也不像微观问题那样细微,而是介于宏观与微观之间的桥梁。

最优秀的学生与基本合格的学生的差别,常常表现在"重要细节"上。以天津市中考为例,能够考取 640 分左右可以进入著名的南开中学,而考取 580 分者则刚刚进入普通高中。两者并没有天壤之别,只是相当于每科差 10 分。这 10 分的差距就表现在重要细节上。那些成绩最优秀的学生,其学习过程比较精细,研究问题精益求精;形成 10 分差距的另一部分学生则相对粗放,他们不求甚解的时候更多一些。这种知识上与学习上的重要细节,在升学时竟然成为决出高低的关键。我们应告别不求甚解的状态,进而在"重要细节"上求突破。

◎ 基础决定高度的支撑规律

❋ 成在基础,败也在于基础(认知规律)

在学习的道路上,有成功者也有失败者。成功与失败的一个重要原因,就在于基础。所谓基础,包括基础知识、基本技能、基本思想方法、基本活动体验。

好比是盖楼一样,你想建十层楼,打的基础就要跟十层楼的要求对应;你想建百层大楼,打的基础就要跟百层大楼的要求对应。一般说来,十层大楼的根基不能支撑百层大楼,要想建高楼,就要首先建设合格的地基。知识的高楼也是这样,它的高度由基础决定,这是一条规律。谁忽视了这一条,违背了这一条,谁就要受到规律的制裁。

为了提高升学率,尤其是培养拔尖儿的毕业生,某校利用晚自习的时间,把四个班成绩突出的学生集中在一起搞了一个"提高班"。"提高班"曾经是那些学生的荣耀,也使得"班外"的学生为之羡慕。然而,"提高班"却由于主办者指导思想的错误而宣告失败。

"提高班"的主办者心目中有两大命题:一是认为学优生基础扎实,他们的基础扎实程度不容置疑;二是认为提高的手段与突破口在于突破难题。在实践中,"提高班"因为忽视了基础、割裂基础与提高的关系、片面追求高难度而损兵折将。最终,"提高班"因为不能提高而不了了之。

人可以长高,而不能被"提高"。"提高"只会揪得人的头皮难受。"提高"并不是独立于基础并且与基础对立的额外的一件事情,而是在狠抓基础的前提下由易到难、由简到繁的自然过渡。学得好的同学没有什么别的奥秘,只不过是把基础知识掌握扎实一些,认识得深刻一些,运用得熟练一些;学得不好的同学则恰恰相反。成功在于基础,失败也在于基础。基础是影响成功与失败的关键要素之一。

※ 曲不离口,拳不离手(应用规律)

马克思曾经说过:"一个搬运夫与一个哲学家的原始差异,比一只猎犬与一只家犬的原始差别要小得多。"论武术天资,霍元甲似乎与武术无缘。由于体质不佳,父亲不让霍元甲学习武术。然而,由于霍元甲能够切合实际做好基础训练,并能够博采众长,最终因其所创"迷踪拳"而成为一代宗师。论足球天赋,我们未必没有潜力,然而,我们毕竟没能够成为罗纳尔多、卡洛斯和苏克。

在曲不离口的揣摩中成就了歌唱家,在拳不离手的岁月里成就了拳王与武术家,在球不离脚的搏击中成就了足球明星。他们共同的经验只有一条,就是不厌其烦、不知疲倦地打基础,以此做到精益求精。据说,球王贝利成功的原因之一,就是在上学的路上都在踢足球,这样久而久之就培养了"球感",就能够凭借准确熟练的球感而随心所欲。画家达·芬奇是从画蛋开始的。一个鸡蛋,老师让他画了很多天,他不理解其中的含义。老师告诉他,同一个鸡蛋,从不同的角度看,观察的结果是不一样的;即使是从同一个角度看,每次画的也不一样。所以,为了画好一个鸡蛋,画一千次也不过分。达·芬奇听了老师的话,认真地观察,不厌其烦地描摹,终于把鸡蛋画得惟妙惟肖。没有这种狠抓基础的奋斗历程,就注定不会有后来的巨大成就。

对比之下,我们缺少贝利和达·芬奇那种打基础的韧劲。难道不是吗?教材走马观花地读了一遍就不肯读第二遍,理由是"读过了";题做了一遍就不愿再想第二遍,理由是"做过了"。这样的学习,满足于一知半解,因为基础欠扎实,常常建不起太高的楼。

爱说"读过了"、"做过了"的人,通常也爱说"会了"。这三个"了"字与昆虫"知了"的叫声是何等的相似!他们知道自己曾经从"不会"到"会"的经历,却忽视了从"会"到"不会"、从"熟"到"不熟"。

难道还有从"会"到"不会"、"熟"到"不熟"的事情吗?有,真的有,这是经验告诉我们的基本事实。专家们把这种现象叫作"回生",即由熟练向生疏的回归。

在天津市兴国学校工作期间,李景龙也曾经因为对于基础知识教学重视不够而给教学带来损失。当时有两个想法:一是学优生的基础已经很扎实,应重在提高;二是学困生的基础怎么抓也抓不起来,抓也没有用。轻视基础导致的结果有两个:其一,考试中,很多学生都会在基础知识部分丢分;其二,在平时的练习中,学困生困难重重,思考问题找不到源头,动笔找不到解题依据。

痛定思痛,得出的结论是,决定成败的关键之一在于基础。学得好的基础好,学得不好的更要重在基础。后来,按照"重在基础"的教学观念指导教学,教与学的过程也就顺理成章。

当然,"重要的在于基础"不等于让全体学生同时按同样的精力学同样的内容,抓基础的具体内容、具体方式可以因人而异。

谈起抓基础,一位科学家有这样的经验之谈。他说:"一些基础类的书目,别人学习时用了五分钟,我却用了一小时。以后再读内容高深的书籍时,别人用了一小时,我却只用五分钟。"这说明,倘若基础打好了,发展就水到渠成;倘若基础不好,发展的道路上就荆棘丛生。

❀ 行走在能力极限的边缘

我们强调基础,并不意味着只抓基础。抓基础是手段,而不是目的。学习中,需要处理好抓基础和求发展的关系。求发展需要打基础,打基础是为了求发展。因此,我们既要扎扎实实打基础,又要经常行走在能力极限的边缘。

心理学上有一种"最近发展区"的理论。人的最近发展区,就是其已有知识、已有能力跟可望可即的目标之间的"高度差"。不断地挑战这一高度,不断地刷新这一高度,人的知识和能力才得以发展。在这个角度看,"基础"又是一个动态的概念。从前曾经仰视的高度,今天却已经把它踩在脚下;昨天它不是基础,今天它却成为基础。这种动态变化,颇有"水涨船高"的意境。

◎ 学习与发展不可替代规律

中国学习科学的奠基人之一、国务院政府特殊津贴获得者、原呼和浩特市教育科学研究所副所长刘彦老师率先提出了"学习与发展不可替代规律"。认识这一规律,对于调整学习具有指导意义。

※ 学习与发展不可替代(理解规律)

1. 学习不能由别人代替

世界上的某些事情能够由别人来代替,比如代替劳动、代替购物、代行职务、代理诉讼与代理谈判等。科学发展了,可替代的事情越来越多,比如,以车代步、以输液代替吃饭、以人工胚胎移植代替生育。然而,无论科学与社会怎样发展,学习与发展都不能由别人来代替。因为,学习与发展的过程是由内外因共同作用促使自己的品行、学识与能力发生变化的过程。变化了,便取得了学习与发展的成效。谁试图由别人替代,谁就会受到惩罚。比如,拿别人做好的作业不假思索地抄袭,由于自己没能亲自思考,不能引起自己的变化,就一无所获。再比如,有的父母试图替孩子做事、替孩子学习、替孩子思考,到头来也是事与愿违,导致孩子不会做事、不会学习、不会思考。

2. 学习与发展不能复制

1997 年,英国科学家首先以克隆羊技术的成功向世界宣告,生命可以复制,克隆羊就是这样的复制品。所谓克隆羊,指的是无性繁殖技术,只要对生命体内带有生命遗传信息的细胞加以培植,就可以得到它的复制品。由此人们自然会想到克隆人。即使真的有克隆人,那么,克隆出来的人也只能具有其原型的外表,而不具有原型的知识、经验与能力。因为知识、经验与能力是靠学习得来的,而不是靠遗传信息传递的。

3. 学习过程的各个环节不可以相互代替

预习不能代替上课,上课也不能代替预习,练习不能代替总结……由于各个学习环节的作用都是独特的,因而彼此不能代替。

前面讲了这么多的"不可替代",其落脚点在于强调各个学习环节都要落实到位。形象地说,就是"不要把牙齿的事情留给肠胃"。

※ 亲自学习(应用规律)

一位报社的总编辑这样理解自己的职业:一是做编辑的总头儿,所以叫作总编辑;二是由于一直在当编辑,所以叫总编辑。有人称赞他亲自写稿,他说这好比是称赞他亲自吃饭一样,因为这本来就应该是亲自完成的事情。

如同总编辑亲自撰稿一样,学生也应该亲自学习。

1. 亲自做题,不要抄袭

学习中有时会出现这样的怪事:翻开作业本,工工整整,一派丰收景象;而一旦翻开考卷,局面则迥然不同,让人目睹的是秋风扫落叶般的凄凉。原因之一,是自作聪明抄袭人家的东西,掩耳盗铃,自欺欺人。

2. 亲自读书,不满足于听讲

小学入学时,由于我们认不了几个字,什么也看不懂,这时候的学习以听讲为主,或者说是"靠耳朵学习"。进入中学则不同,科目增多,负担加重,使得转换学习方式成为必要;智能增长,经验增加,使得转换学习方式成为可能。如果只满足于教师动口而自己不亲自动手动脑,那么,知识与能力是学不到的。

3. 以记代思、以听代练不可取

以记忆代替思考是不会学习的表现之一。有的学生上课记笔记、下课抄笔记、考试之前背笔记、考试之后撕笔记,死记有余而灵活思考不足。由于长时间不注重思考训练,就容易形成不思考的习惯,更难以提高思考能力。这样做不利于培养创造力,即使是单纯应付考试也不具备竞争力。当然,只重视记忆轻视思考是不对的,只重视思考而轻视了记忆也是不对的。

以听代练是不会学习的又一个表现。讲解大多是老师的事情,练习大多是学生的事情,讲解是思路的疏通,练习是知识的运用、能力的形成,二者不可代替。往往是学习越困难的学生越不肯练习,其理由是"老师都讲过了"。他们常常以为:老师讲的 = 自己会的 = 自己熟练掌握的。

然而,只要略加推敲,就会发现这个等式不成立。试想:听足球教练的几番讲解,看一次足球比赛,就会踢足球了吗? 会踢足球就能够跟球星抗衡了吗? 不是,远远不是。

从球迷到球星之间的路很远,这中间要伴随着艰辛训练的汗水和泪水。

从不会到会要练习,从不熟悉到熟悉,必须经过足量的练习。不然为什么众多的成就卓著者把勤学苦练当作经验之谈呢? 为什么很多成功人士都崇尚天道酬勤呢?

不能替代的就是不能替代。该做的事情亲自做、反复做,才能学会真知识,增长真本领。反过来,学而不思,听而不练,只能达到"准球迷"水平,而不能达到"球星"水平。

◎ 由量变到质变的智能突变规律

❊ 贵在突变(认识规律)

突变具有转折意义,为此人们努力寻求积极的突变。突变是一种质的变化,质变之前的量变通常具有反复性,在反复中能浪费人的大量精力,而质变则不同。

比如挖井,它的目的是让地下的甘泉喷薄而出,这种喷薄而出就是质变。在此之前,深挖不止的过程是量变,量的变化具有反复性。如果你在出水之前不断地更换挖掘的位置,那么,很多汗水也就会白流了;如果你在突变之前放弃努力,那么,此前的奋斗也就丧失了价值。

著名语言学家吕叔湘说过:外语这种东西,要么学会,要么不会。如果学习外语没有达到突变阶段就半途而废,那么就会很快忘掉,等于什么都没学到。教育改革家魏书生也把才能的增长比作蓄水。他说,向一个水缸里注水,加第一杯水它不满,再次加一杯水它还是不满,但终究会在加到某一杯水的时候,就会发生质变——向外溢出的突变。

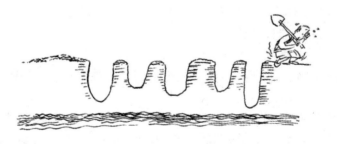

如同吕叔湘和魏书生所说的那样,人的智能发展要经历由量变到质变的过程。在量变阶段,能力基本稳定,尽管很勤奋,很刻苦。一旦智能发展突破了一定的限度,就会眼界大开,好像一下子成熟了很多,学过的知识也就不容易忘记。学习中,我们需要以突变为目标,进行有效的量的积累。

❊ 寻求突变(应用规律)

在寻求突变的过程中,有以下三个方面应该引起我们的注意。

1. 不懈追求

智能的发展,主要的不在于你记住了多少知识,做了多少习题,而主要在于你的学习态度和学习方式,只有以主动的态度而不是以被动的态度学习,智能才会得到发展。下面的事迹就说明了这个道理。

武汉水运学院动力系学生王和,刚进大学时并不曾引起人们的注意,他留给同学们的印象是爱玩、爱开玩笑、爱睡觉。晚上,别人都埋头做题,他却一个人回宿舍钻进蚊帐里睡觉。但是令人奇怪的是,连续几次考试,他的成绩都名列前茅。同学们给《中国青年报》写信,希望解开这个谜。报社把这封信转给了王和,希望他自己谈一谈。王和说,他不是在睡觉,而是在思考。睡觉前他要总结当天的学习:今天学了什么,哪些明白了,哪些不明白,明天接着学什么。他像归纳文章的中心思想一样,归纳知识,并寻找这些知识跟原来知识的联系。通过去粗取精、去伪存真、由表及里的消化过程,实现了知识的简单化、序列化与类化。通过这些不懈努力,他实现了智能的突变。这样,他才能够以比较低的学习成本换取了比较高的学习产出。

2. 查缺补漏

影响人智能发展的关键因素,不是不曾学习的知识数量之多少,而是已经学过的内容质量之好坏。我们很难保证所学的知识都有了较好的掌握。所以,每天都应该抽出一定的时间查缺补漏。

"缺"就是缺陷,"漏"就是漏洞。缺陷是薄弱环节,耐不住强有力的冲击。漏洞则更可怕。千里江堤,溃于蚁穴。1998 年长江、嫩江、松花江抗洪抢险的战斗中,数以万计的将士以生命和鲜血为代价奋力抗争,他们在做什么呢? 他们的工作概括成一句话,就是查缺补漏。

千里江堤,溃于蚁穴

漏洞给人的第一感觉是"差不多"。一道简单的题,得了 90 分会让人高兴地觉得差不多。一个综合题目的解决如果由四个环节组成,每个环节成功的概率为 0.9,则相互关联的四个环节,其成功的总概率为 $0.9 \times 0.9 \times 0.9 \times 0.9 \approx 0.65$,相当于这道题得了 65 分。而在导弹发射中,如果不能得 100 分,就只能得 0 分。

3. 知识系统化

有人说过,智慧不是别的,不过是组织起来的知识体系。著名教育家斯宾塞进一步阐述了怎样把知识转化为智能。他说:"把获得的知识不断地加以组织。照这个正常方式吸收的事实和推论,从本质上就不断地变成下一步结论的前提和解决下一步问题的办法。这样得来的知识,一旦到了手里就转变为能力,马上就对于思维有所帮助,而不像死记硬背的那样派不上用场。"

关于知识系统化与创造力的关系,英雄所见略同。《学习的革命》指出:"一些好的想法,只是旧的成分的新组合。没有新的成分,只有新的组合。"

应该确立的
学习原则

学习原则是学习谋略——"杠杆模型"中的支点。

没有规矩，不成方圆。所谓原则，就是规矩。所有的事都应该有规矩，学习也不例外。坚持应有的学习原则，是研究、实施学习谋略的必要前提，是会学、学会的基本保证。

坚持这些原则，如同火车奔驰于铁轨之上，汽车运行于高速公路之上。火车、汽车被规矩在这个框架之内，才有了高速度。愿学习的原则把你带入学习的高速公路。

◎ 有所不为　有所作为

　　人的精力是有限的。因而,一个有事业心的人计较时间就像吝啬的商人计较金钱一样,要精打细算每一笔时间账。

　　准确地讲,时间比金钱要可贵得多。具体表现在以下几个方面:金钱可以作为遗产留给别人,但最富有的人也不能把时间作为遗产保留下来;金钱能借,能够归还,时间则不能;金钱赔了还能够赚回来,时间却一去不复返。所以,明智的人告诉我们"最浪费不起的是时间",精明的人最计较的是时间,健康的人最大的犯罪是浪费时间,生命垂危的人最大的缺憾就是缺少时间。

　　珍惜时间,就是珍惜生命。算时间账,就是算生命账。算时间账,首先要算大账。干什么(有所作为),不干什么(有所不为),这是一笔大账。大账不算,丢了西瓜捡芝麻,尽管终日忙碌,也必然收效甚微。

　　算大账目,有取有舍,有所不为,是最重要的学习策略之一。

　　❋ 雨果剃光头　有所不为

　　法国大文学家雨果很会算时间账。他头脑清醒,遇到事情能够分清主次,能够区分轻重缓急。

　　俗话说:"人怕出名猪怕壮。"雨果成名以后,一些不必要的应酬接踵而来,搞得他心烦意乱,影响了创作的进行。为了从繁杂的事务中解脱出来,他闭门谢客,但外界的干扰却一如既往。

　　有一天,雨果想出了一个奇特的办法,他给自己剃了一个大光头。有人登门拜访拿一些不值得他费心思的事情来麻烦他,雨果指着自己的光头说:"对不起,你看我这个大光头,出不了门,帮不了你的忙。"来人只得快快而去。

当有人把雨果当成点缀品请他去参加宴会时,雨果便摘下帽子,指着自己的光头说:"看我这个光头,登不了大雅之堂,去参加宴会不是给您丢脸吗?"来人只能无可奈何地回去。

雨果剃光头是为了避免不必要的社会交往与应酬。三个月内,他几乎躲开了一切无所谓的纠缠,埋头写作。三个月以后,他向世人奉献出两部高质量的长篇小说。

未必人人剃光头。但是,要想有所作为,首先要有所不为,这却是雨果剃光头的故事给我们带来的启迪。

❋ 学会调控

人生不该是乘客,人生应该是司机。这里的区别在于,何去何从,应该由自己拿主意,而不能一味地听从别人摆布。

有人习惯于当乘客,不习惯于当司机,所有的事情都由别人做主。比如在上课时,有的同学做题快了一点儿,就坐在那里没事儿干,有时还要问:"老师,做完了这道题做什么?""老师,下面的一道题能做吗?"对此,我们的回答是:在老师的眼里,只嫌其少,不嫌其多,只嫌其慢,不嫌其快,关键是要学会自我调控。所以,自我调控能力强的学生,习惯于"我要做什么",而不是"你让我干什么"。

不能自我调控的人偶尔做出调控,就如同一个醉酒的司机。自我调控能力应该从小培养。一个人,在家问父母"你让我干什么",在学校问老师"你让我干什么",在单位问领导"你让我干什么",这样的人是不会有出息的。他们握不了方向盘,用不了遥控器。

市场经济条件下更需要人的自我调控能力,因为人们随时面临何去何从的选择。比尔·盖茨曾经就读于世界一流的大学,当读书与科研、创业发生冲突的时候,他毅然决然地选择了退学。以后他又在软件与硬件、巨型机与微型机等方面作出多次正确的选择,这样才造就了今天的比尔·盖茨。

高效能的人士,永远善于发现并解决最重要的事情,他们能够通过不作为而实现优质的作为。为了实现自我调控,有以下几点可供参考。

1. 排队法

把当时要做的事情按照主次顺序排队。如果时间充裕,可以全部完成;如果时间紧迫,排在前面的事情要坚决做好,排在后面的事情可以放弃不做。因为,次要的事情对于大局影响不大。

说起排队,首先要注意把学习行为和非学习行为排队。学习是学生的本职工作,玩是孩子的天性。感情冲动,就会玩个不停;理智地想想,还是学习重要。因此,学习与玩的冲突,实际上是感情和理智的冲突。理智的人,也就是自控能力强的人,他们深知应该以学习为主,因而选择先学后玩。贪玩的同学则不然,他们往往先玩后学,在时间紧迫的情况下匆匆忙忙地应付作业,学习效果就差。

面对电视上的足球赛、动画片,以及其他各种娱乐活动,我们需要学会取舍,学会排队,切不可乐而忘忧。

2. 删除法

在按照主次排队的基础上,把一些不必要的和次要的事情淘汰出局,删除出去,这是古往今来有成就者的一个共同特点。作家雨果剃光头闭门谢客;哲学家黑格尔致力于研究,竟然把婚期推迟到40岁;我国数学家杨乐、张广厚致力于学术更是如痴如醉,大学读书时,"香山的红叶红了,中山公园的菊花展漂亮极了,十三陵发现了地下宫殿……",他们都无暇顾及。

3. 回避法

与有志之士、有识之士在一起探讨问题,可以增长知识、增长才干,给人以如临春风的陶醉之感;与无聊的人一起谈话只能消磨时光,耗费生命。遇到这种情况该怎么办呢? 请记住:走为上策。只要转移一下,回避一下,也就不至于被这些环境所困扰。

4. 隔绝法

对于有损于身心健康的因素与活动,一定要坚定不移地隔绝。诸如吸烟、饮酒、吸毒、去游戏厅、看黄色录像、参与不法团伙等,这不仅无益,反而有害,因而必须与这些不良因素彻底隔绝。

❋ 学会当"傻子"

雷锋在日记中赞美"傻子",邹韬奋也曾经撰写文章颂扬"呆气",何以如此呢? 原来,大智者若愚,大愚者若智。傻人怕别人说傻气,精明的人怕别人说他精明。因而这里所说"傻子"其实不傻,"呆子"也不呆。

很久以前,我们的祖先就为我们创造了一个绝好的成语,叫作"呆若木鸡"。其大意是,最有战斗力的斗鸡呈现出木然的状态,因为它身经百战,什么都经历了,什么都习惯了,什么都在预料之中。

我们通常缺少的,就是这种"呆气"与"傻气"。

由于缺少"呆气"与"傻气",我们往往因为过分的敏感与精明而不能有所作为。比如,你打我一拳,我必然归还一脚;你说我一句坏话,我必有三天睡不好觉。这种敏感与精明是不折不扣的傻气。

有过人之处的"傻子",对于无关紧要的信息视而不见、听而不闻。真正的"傻子"则不然,屋内飞来一只蝴蝶,惹得他目不转睛;窗外飘落一片树叶,他侧耳倾听。风声雨声尚且能够牵动他的注意,唯有读书声不能入耳;杂事乱事琐碎事事事关心,只有家事国事天下事漠不关心。这样的人,怎么会有学业上的进步呢?

◎ 同步学习　上下贯通

在现有的条件下,我们不能不在总体上讲同步学习。所谓"现有的条件",指的是以班级为单位的班级授课制。所谓同步学习,就是跟老师的教学基本保持同步,紧紧地抓住课堂教学的时机,老师教到哪里,就跟着老师学到哪里。

谈到班级授课制,就不能不联系教育的昨天与明天。

早在远古的时候,向孩子传授生产、生活技能主要靠父母和其他长者。后来,由于生产的发展,人的劳动成果除了满足全家的吃、穿、住等需要之外,还略有剩余,于是就用这部分剩余下来的财物聘请专门人员,向孩子们传授生产、生活技能。这类被聘请的专门人才就是教师。

再后来,老师坐在家里,学生们聚集到教师家里来上课,这样的教育属于民办而非官办,因而叫作"私塾"。私塾里的教学,由于人数少,学生的年龄、智力、知识基础等方面参差不齐,因而以个别辅导为主。这种教学注重个体而淡化总体,因而是"异步教学"而不是"同步教学"。在私塾里读书,基本上是依据学习者的学习进展决定学习的内容和速度。随着工业化时代的到来,生产进一步发展,人们的求学欲望进一步增长,教育向着平民化、大众化的方向发展,学生总量也向着规模化的方向发展,于是有了学校,有了班级。

班级不同于私塾,由于学生年龄相仿,智力相近,再加上人数比较多,所以,不得不选择"同步教学",主要是照顾到绝大多数人而不是只照顾一两个人。班级授课制的现实,决定了学生要与老师默契配合,要以同步学习为主。

也许,随着国际互联网的建立,学校与班级将不复存在。到了那个时候,少年儿童们要坐在家里学习,而不再盯着别人追求同步。也许这样的日子已经为期不远。但无论如何,现在我们毕竟每天还是走进学校坐在教室里学习。当今的现实,要求我们以同步学习为主。

同步学习才能上下贯通。论智能发育,教师总体上居于上位,学生居于下位。在这个意义上讲,向师就是向上,向上就要力求同步。教师指东,你偏偏要打西,那算不上同步。同步学习是上下贯通的重要条件,它能最大限度地提高课堂的吸收率。教师也是教练。任何一个优秀人才的产生,都离不开别人(尤其是高人)的指点。

❋ 同步使人轻松

同样是学习,有的人学得很轻松,有的人却学得很吃力,这里的原因很多,是否同步就是原因之一。

同步使人轻松,原因有三个方面。

1. 课上学习的时间比重大

在中学,每天的授课时间一般至少有六节课,占每天学习总时间的60% ~ 70%。可见,忽视了这部分时间就忽视了学习的绝大部分时间。

2. 课上学习的时间价值高

同样是一节课,如果有教师解释疑难,知识密度大,跨越的难度大,这节课的价值就偏高;反之,如果是没有教师指导的自习课,其价值就偏低。在这个意义上,我们应该注意区别时间价值的高低。

3. 课堂教学是在校学习知识的主渠道,是学习活动的中心环节

除了课堂教学这一环节之外,预习环节是学习的准备,课后的练习、复习巩固与提高也不是主渠道,不是中心环节。教学要改革,但教师"传道授业解惑"集中在课上,学生学习知识的主渠道、中心环节在课上,这一点不但不会削弱,反而应该加强。有的学生领会不到这一点,寄希望于课下,这是主次颠倒的表现,必然会自食恶果。

综上所述可以看出,在内容、时间、精力分配上与教师的教学同步,这样的学习轻松自如。反之,时间不同步、内容不同步、精力分配不同步,只能陷入疲劳与低效。

❋ "疲劳战术"探源

在学习上,有相当数量的人采取"疲劳战术",他们不计代价地拖延时间,并且把时间付诸题海。

采取疲劳战术的同学,终日忙乱。他们因为缺少方向感、缺少策略的优化而瞎忙,也因为瞎忙而偏于低效。总之,是不得要领,是抓不住关键。

所谓抓不住关键,主要是抓不住课堂学习这一关键。课上是疏导思路、攻克难关的关键时节,是整个学习活动的智力高峰期,不抓住这个关键,就只能瞎忙,就容易陷入疲劳。

如同种植庄稼,中国北方有句谚语叫"清明忙种麦,谷雨种大田"。如果不在谷雨前后种植大田作物,而是拖延一个月,那么,即使后来大量施肥、浇水,勤奋耕耘,也难以获得理想的收成。成功需要勤奋,但并不是勤奋了就一定成功。重要的是,需要把学习的勤奋作用于最重要的关键点。

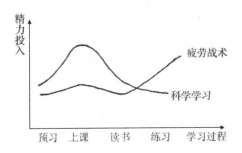

"关键性的努力"是"非关键性努力"的几倍工夫所不能替代的。在关键性环节下大力量,过程是轻松的。忽略关键环节,在非关键性的环节下大力量,只能陷入疲劳。不以课上的思路疏导、问题攻坚为主,而是以课下反复练习为主,就是以"题海战术"为特征的"疲劳战术"。

❋ 强制同步 莫当"老赶"

老百姓有着非凡的观察力与创造力。在对千百年来众多现象的观察与思考中,他们发现了一种奇特的现象——"老赶"现象,于是随之创造了一个生动形象的词语——老赶。什么叫"老赶"?所谓"老赶",就是一直在赶路,但老是赶不上,于是人们称之为"老赶"。"老赶"的实质是恶性循环,学习上"老赶"就是被拖着走、拉着走而表现出来的恶性循环。

知识学习的落伍不同于竞赛场,在竞赛场上人们不背包袱,而学习上的落伍者却背着包袱,况且这包袱可能越来越重,因而追赶起来太累太累。先进的更加先进,后进的可能更加后进。从这个意义上讲,学习犹如一次"惊险的跳跃"。

同步学习是对恶性循环的有效遏止,是变恶性循环为良性循环的必由之路。

学习有两种循环:一种是恶性循环,另一种是良性循环。前者越来越差,后者越来越好。

恶性循环的直接原因是学习的欠账。学习上,欠账的积累使人越来越累,给人以身背重负的感觉。有的时候,这种重负能压得人喘不过气来。

怎么办呢?最好的办法就是每天都不欠账,那就要强制同步。通过强制,做到堂堂同步,天天同步;也通过强制,不但跟进度,而且要跟得上进度。

当然,学习的同步不像体育课的齐步走那样容易,难免产生遗留问题。对此,本书将以《日清周结》为题另外讨论。

◎ 增进交流　左右逢源

※ 在交流中成人　在交流中成才

当一个婴儿呱呱落地来到这个世界上时,他只是一个生理意义上的人。在此基础上,只有通过人与人的情感交流、智力交流,他才能够成为一个社会意义上的人。否则,他就不能成人,更不能成才。

印度曾发现过的"狼孩儿",就说明了这个道理。有一个孩子出生以后不久就悄然失踪了,他便是后来在森林中被发现的"狼孩儿"。某日,一个猎人在山上打猎,发现了一个似人非人的怪物。出于好奇,他抓住了这个怪物并带回了家。经过查验,这一动

物有人的躯体,却有着狼的习性,喜欢吃生肉,喜欢到柴草堆里休息,不习惯于用筷子吃饭,更睡不了热炕头儿。

何以至此呢? 原来,孩子是被一只失去了狼崽子的母狼叼走的。狼当时并不缺少食物,这使得孩子免于一死。孩子饿得嗷嗷待哺,母狼也因为没有狼仔哺乳,发胀的乳房疼痛不已。当求生的欲望驱使孩子吸吮狼的乳汁时,狼与孩子都获得了巨大的满足。共生的需求把孩子和狼紧紧地联系在一起,从此,孩子便以母狼为养母,在相互的交流中开始了长达几年的成长。这就演绎了"狼孩儿"的故事。他回到人类社会以后,善良的人们给这个孩子以人类文明的熏陶,但是过了几年的光景,那个孩子才勉强学会了几个单词。专家认为这种现象并不奇怪,因为那个孩子错过了学习语言的最佳年龄期。

孩子跟狼交流就成了"狼孩儿"。如果没有交流,将成为智能低下的痴呆儿。可以设想,一个新生儿出生以后,如果生活在一个封闭的环境里,只满足他吃喝拉撒睡的基本生活需求,那么,他将生活得像植物人一样,缺乏正常人的学习能力、交际能力、思考能力与创造能力。

可见,人与人的交流、同学与同学的交流是我们生命活动中、学习活动中不可或缺的组成部分。在交流中成人,在交流中成才,是成人成才的一般规律。

同学们不妨留意一下周围的同学,可以看出那些聪慧的同学往往都是善于交流的。交流的实质是合作学习,是人的价值的最大化。谁善于交流,擅长合作,谁就擅长学习。在合作中竞争,在竞争中合作,是现代人必备的素质之一。

✲ 物质财富守恒　精神财富不守恒

物质不灭定律和能量守恒定律已经被人们所认识,这两条规律都是自然界最普遍、最重要的规律,能量守恒定律还被列为 19 世纪自然科学发现的三大发现之一。

在精神世界里,则有着与之截然不同的新规律,作家萧伯纳以形象直观的形式表达了精神财富不守恒的规律。他说:"你有一个苹果,我有一个苹果,我们彼此交换以后,各自仍然只有一个苹果;

你有一种思想,我有一种思想,我们彼此交换以后,各自却具备了两种思想。"

萧伯纳的这一名言生动地阐述了物质财富与精神财富的本质区别。物质不能消灭,也不能创生,它只能由一种形式转化为另一种形式,物质的总量保持不变。知识、思想、方法(即精神财富)则不然,它可以创生,可以深化,可以发展,总体上呈现出不断增多的"爆炸"趋势。

这一名言还告诉我们,交流是必不可少的学习方式。闭关自守,堵塞视听,就堵塞了学习知识的渠道。

✲ 对流是提高　撞击也是提高

借用物理学的提法,我们把交流分成两种形式:一种是对流,另一种是撞击。

当然,知识的对流有别于空气的对流,思想的撞击有别于物体的撞击。对流很温和,撞击很猛烈,这是二者在形式上的不同之处;在实质上,它们又是一致的,都是促使人得以提高的方式。

你把你的知识教给我,我把我的知识教给你,这叫对流。对流的特点是它的相互性——传输给别人,也从别人那里接受。

教给别人的同时也提高了自己,这是很多人注意不到的。

读师范大学的时候,我们曾自满地以为教中学绰绰有余,但是真正教学的时候则完全不同。当我们试图把一些问题给学生讲清楚的时候,才发现自己也不是十分明白。于是,才有了深层次的挖掘,才得以提高。因此,我们可以说,教别人学习就是锻炼自己。这种现象,被称之为"教学相长"。

对流使人受益,哪怕你是输出的一方。

撞击也是这样的,无论你是撞击的还是被撞击的,都会受益。所谓撞击,就是

讨论,就是争执。当两个人或几个人对同一个问题的看法大相径庭、相去甚远的时候,这时往往不是对流,而是撞击。

思想的撞击不像汽车相撞击那样可怕,反而很可喜,因为它的产物不是别的,而是真理。真理被发现的历史,就是不同角度、不同层次的认识相互作用、相互撞击的历史,也是与谬误相伴而行的历史。

思想的交流与撞击,需要把握住相应的规则。言语可以直白,但不可以粗俗;研讨可以说事论理,但不可以恶语伤人。撞击以后得到的结论给人的印象最为深刻,但思想交流中的温文尔雅同样给人留下美好的回忆,也给人的发展注入不竭的精神动力。

❋ 互补有益　互动也有益

什么叫互补? 就是取人家的长处,补充自己的短处。比如,你擅长文科,我擅长理科,我们可以互补;你思维活跃,我思维深刻,我们也可以互补。

什么叫互动? 就是互相推动。这通常是兴趣相投、专长相近的那种情况。这种情况的交流,给人以"够层次"的感觉,正如棋逢对手、将遇良才。

彼此的互补使人在横向得以发展,走向全面。

彼此的互动使人在纵向得以发展,实现提高。

互补使人全面,互动使人深刻。

本文就要结束了,在此我们试图探讨一个司空见惯的话题:什么叫同学?

我们认为,所谓同学,就是共同学习。哪怕是同窗十载,如果未曾往来,便不是"同学",只能是"在一起读过书"。是同学,就要增进交流、共同发展,就要在交流、撞击、互补、互动的群体式活动中共同进步。

别忘了,输入使人受益,输出也使人受益!

◎ 因势利导　学有特色

对着镜子,我们能够看到自己,但那只是看到自己的像。至于全面准确地认识自己,其难度则大得多。过分相信自己,导致自负;过低估计自己,则陷入自卑。不认识自己,就会避开长处展示短处,阴差阳错;不认识自己,就不能发挥自己的长处。相反,只有认识自己,挖掘自身条件,才能走出自己的路,做到因势利导,顺乎自然。

※ 按照性格学习

从性格角度看,人们可以分为内向型和外向型两大类。

外向型性格的人心理活动倾向于外部,一般表现为开朗、活泼、好动、善于交际等。这些人一般不为喧闹而烦恼,越是争执不休,越能撞击出他们的思想火花。

内向型性格的人则相反,其心理活动倾向于内部。他们的特征是:好幻想,比较孤僻,沉着冷静,反应缓慢,不容易适应新环境,喜好安静不好动,善于独立思考。

是内向型性格好还是外向型性格好?我们说,性格无好坏可言,人格才有好坏之分。正直、无私、勇敢、乐于助人的人格是优秀的,卑鄙、自私、贪得无厌、见利忘义的人格是可恶的。

性格则不然,哪种性格都不会必然地给自己带来不利。关键在于,每种性格的人都要发扬长处。内向型性格的人,长处在于思维深刻;外向型性格的人,长处在于善于交流。

据资料记载,听诊器就是国外一个性格很内向的医生发明的。那时没有听诊器,西方的医生们也不像中医靠摸脉、靠望闻问切看病,只能将耳朵贴近病人的胸脯,去听心脏的跳动。这天,那位性格内向的男医生给一个女病人看病。当他把耳朵贴近对方的

胸脯时,他顿时涨红了脸,额头冒出了汗珠。这样重复几次,局面越发尴尬,最终也没能看出是什么病。

下班了,这位医生带着白天的尴尬,带着深沉的思索,走上了回家的路。路过一个幼儿园时,他发现小朋友们在玩跷跷板。孩子们一反常态的做法是,一人在一

端敲,另一人在另一端听。医生带着几分好奇加入到游戏中来。别人在另一端敲击,他竟然在这端听到了声音。

这时,他几乎高兴得跳起来,激动地说:"我找到了!"

他找到了什么?原来是找到了看病的新思路!他利用物体传导声音的原理,并把信号加以放大,研制出了世界上第一个听诊器。看来,不能简单地认为内向不好,或是说外向不好,关键是怎样认识自己,怎样发挥优势。

❀ 按照生活规律学习

人的大脑活动在一昼夜内呈波浪式的变化。

科学研究发现,大约17%的人在早晨大脑兴奋性比较高,头脑清醒,思维活跃,工作、学习效率高;大约33%的人大脑能动性的高涨期在夜间。前一种人,被称为"百灵鸟型",他们的睡眠特点是由深入浅,晚上睡得早、睡得快,早晨醒得早、醒得快,因而早晨是他们的黄金时间;后一种人,被称为"猫头鹰型",他们的睡眠特点是由浅入深,晚上睡得晚、睡得慢,早晨醒得晚、醒得慢,因而其学习与工作的黄金时间在晚上。另外,还有大约50%的人在一天的活动中没有表现出大脑活动能动性的高涨期,被称为"混合型"。

本书的两名作者本是一家人,但一个是典型的"百灵鸟型",另一个则是典型的"猫头鹰型"。猫头鹰们善于夜间战斗,早晨则爱睡懒觉。其实说"睡懒觉"是不恰当的。根据体验得知,所谓的"懒觉"是猫头鹰们最甜、最香、最优质的一觉。"百灵鸟"们适合早睡早起,混合型的也应该有自己的特色。

起早和贪晚,一般说来只能抓一头。

人,不能总跟在别人的后面,重要的还是认识自己,寻找自己的感觉。过去有一首歌叫作《跟着感觉走》。在学习的问题上,还真的应该找到自己的感觉,跟着感觉走,跟着自己的感觉走,而不是跟着别人的感觉走。

❀ 根据感知方式学习

21世纪的教育,要实现由传统的"教"向新型的"学"的转变。学习中,不能不尊重自己的感知方式。所谓"感知方式"包括视觉的、听觉的、触觉的与动觉的。

那么,怎样辨别自己所偏向的类型呢?《学习的革命》给我们提供了以下启示。

1. 向视觉型学习者问路,他会倾向于画一张地图

在餐厅里为他读菜单,他一定会亲自看一下。对于知识的传播媒体,他喜欢图片胜过喜欢文字,尤其喜欢录像带,大多数视觉型学习者倾向于有条有理、整洁和衣着讲究。

2. 听觉型学习者通常对读一本书或一本指导手册不感兴趣,他喜欢询问信息

他买一辆汽车不是因为它的外表,而是因为它的立体声系统。在客车上,他会尽快地跟其他乘客交谈以获取信息,当他有所领悟时,他会说"我听懂了你说的意思"。他喜欢录音机胜过喜欢一本书。

3. 动觉、触觉学习者总喜欢不停地运动

爱因斯坦就属于这种类型。他善于整日地空想,以至于中学时代的很多测验都不及格,然而却成了那个时代最伟大的科学家。看来,并不是爱因斯坦笨,而是当时的学校教育没能适应他的学习类型。

杰出的演说家丘吉尔,伟大的发明家爱迪生都曾经在学生时代成绩不佳,他们后期取得的巨大成就与前期的学业成绩相对比,充分说明了学习类型被压抑、被埋没就会影响学习效果。

根据自己的类型学习,因势利导,学有特色,便是学习的革命。

◎ 量力而行　步步为营

❋ 贵在努力

爱多 VCD 有一句催人奋进的广告语，叫作"我们一直在努力"。这句广告语写得好，好就好在它表达了一种重在过程、尽心竭力的奋斗精神。这种精神，不仅企业需要，做人、做事、做学问都需要。

人活着，贵在一个过程，在这个过程中贵在努力。一个人来到世界，他什么也没带来，甚至赤裸裸的没带来一件衣服；一个人离开世界，他什么也带不走，临终时由于尿道扩约肌失去控制，小便都要失禁，连一泡尿也不能带走。这就是人生的起点和终点，我们还有什么理由不珍重过程，不尽心竭力地学习与创造呢？

既要量力而行，做能做的事，又要尽力而为，把能做的事情做好。这是我们应有的做事准则，也是学习时应当坚持的原则。

教与学是不可分割的两个方面。教要因材施教，学要量力而行，这样才切合了每个学生的具体情况，而这一点常常被一些学生所忽视。

学习的量力而行原则能够被众多的教师所接受。在老师看来，学习应该因人而异，对学习尖子的要求应该区别于对学困生的要求。然而，出于保护自尊的考虑，老师们又不便于讲清楚哪个学生可以降低要求。这样，一些成绩偏差的学生就失去了感觉，违背了量力而行的学习原则。无论做什么事情，可怕就可怕在不顾实际。抛开自己的实际情况，通常就要走弯路。

我国在建国以后不久，出于对共产主义的向往，要创造条件"跑步进入共产主义"。后来发现不实际，才开始认识到"社会主义社会是一个相当长的历史阶段"。再以后就更实际了，提出了"社会主义初级阶段理论"，并认为"社会主义的初级阶段是一个相当长的历史阶段"。据此推想，如果早一天脚踏实地进入"社会主义初级阶段"，而不是"社会主义高级阶段"，那么国家的现状一定会比现在要好得多。

学习也是这样。有的人，对可望即可即的内容不屑一顾，天天在可望不可即的目标上苦苦求索，到头来不是增加了收获，而是增加了失落。

❋ 狠抓"双基"——量力而行的着力点

片面贴近高难要求是出于观念上的错误，是由于不明确学习的层次要求，不明确各层次要求在学习过程中所起的作用导致的。学习的要求可以分为两个层次：

一是基本要求,二是高难要求。两者的价值有所不同。

知识是一棵树。基本知识、基本技能、基本思想方法、基本活动体验相当于树根、树干,尽管它们的位置很低,但它们负责为树枝输送营养,它们是源泉,是通道。高难要求则相当于树梢与树杈,尽管高高在上,却是树干的延伸与发展。

知识是一座楼。如果你不想建海市蜃楼,你就应该扎扎实实地打基础。

知识体系是完美的链条。其中,基本要求是连接新旧知识的主要环节,高难要求则不同,它是从基本要求派生出来的分支环节。基本要求关系到知识前后承接的大局,高难要求只体现局部知识的高度。高难要求以基本要求为基础,基本要求因其基础地位而举足轻重。

对此,我们的想法是:基本要求应坚决达到,高难要求可以因人而异,这就是量力而行的学习原则。所谓基本要求,就是掌握基础知识、基本技能,简称"双基"。夯实基础既然如此重要,在量力而行的学习中就应该妥善地支配精力。其实,复杂问题不过是简单问题的组合与发展。

传统教育突出继承,夯实基础是必要的;现代教育突出创造,夯实基础也是必要的。平时学习是这样,考试也是这样。有的人,能得的分数不在乎,得不到的分数却强求,只能留下遗憾。反过来,把着眼点、着力点放在可望可即的目标上,能得到的没放过,正常发挥,无论得分多少,又有什么遗憾呢?

悲哉!烦恼皆因强出头。

◎ 贵在自知 心中有数

知彼知己,百战不殆。所谓"知己",就是自知,就是对自己所处的状态心中有数,胸有成竹。

成绩差了并不可怕,怕的是找不到差距,不能自知。经验告诉我们:会学的学生能把会的与不会的内容截然分开,并由此确立学习的着力点,不会学的学生则难以做到。

对此,教育家孔子早就有过精辟的论述,他认为:"知之为知之,不知为不知,是知也。"不把会的与不会的知识严格区分开来,就找不到努力的方向与目标。

为了把会的知识与不会的知识严格区分开来,我们希望每一个学生都有一个"筛子"。这个"筛子",我们把它叫作"欠账单"。

❄ 建立"欠账单"

筛子的作用无非是把沙粒一分为二,使大小不同的沙粒各得其所。"欠账单"就有这样的功效,"不懂的知识"就是学习的"欠账"。进入"欠账单"为"不知",没有进入"欠账单"的为"知之"。按照孔子的要求,如此这般才能达到"是知也"的高境界。

"欠账单"可以按照学科单独成册,也可以有其他众多的表现形式,比如笔记、活页、纸条与记号等,只要能揭示出"欠账"的意思就可以了。

建立"欠账单"是学习的一个良方。知道了这个良方,有心人会早日做起来,并且一定能够收到实效。

当然,建立"欠账单"只是手段,消除"欠账"才是目的。这就要研究"还账"的艺术。

❄ 急账先还 缓账后还

每个学生都有自己的"欠账",其区别在于:"欠账"的数量有多少之分,"还账"的艺术有高低之分。

"还账"的过程蕴含着学习智谋。一个休学9个月的学生,欠下了高中三分之一的"账",却轻松地考上了大学,就得益于"还账"的智谋。他"还账"的艺术是:急

账先还,缓账后还。

所谓"急账",就是眼下要用到,却偏偏又是自己不会的知识。除此之外,其他的"账"则是"缓账"。当"急账"与"缓账"相冲突的时候,要"火烧眉毛顾眼前",这样可以最大限度地缩小差距。至于"缓账",则要等到腾出工夫的时候(比如假期)再归还。

有必要的话,可以把"欠账单"一分为二,一个是"缓账单",另一个是"急账单",这样分得明快,还得也清晰。

建立"欠账单"使人自知,偿还"欠账"使人自信。

※ 学会自诊 广泛自知

前面谈了在知识方面以自知为起点查缺补漏的问题。学习方面的自知,其含义是广泛的,它至少涉及以下几个方面。

1. 学习程序是否科学

学生学习的基本程序是"五环修学法",即按照"预习—上课—复习—作业—小结"的程序学习。实践告诉我们,这种方法天天能用,科科能用,用了就会有效。既然是程序,就有先有后,有人形象地给"五环修学"换了一个新的说法,叫作"三先三后",也就是先预习后上课,先复习后解题,先思考后发问。面对着这面镜子,同学们不妨照一照自己,以求自知之明,知道自己的学习程序是否科学。

2. 学习习惯好不好

有的同学学得不好,不是脑袋笨,而是由于学习习惯不好。那么,习惯方面差在哪里呢? 也应该给自己讨个明白,从而在自知之明的基础上有所改进,有所进步。

3. 学习能力强不强

在未来知识经济占主导地位的社会里,我们唯一可靠的资本就是比别人的学习能力更强,学习的速度更快。可见,学习能力有多么重要。学生时代的学习,既是学习能力的应用,也是学习能力的培养。我们应该在这个意义上看待学习能力。学习能力,包括理解力、记忆力、思维力、观察力与注意力等几个方面,我们应该有意识地通过具体的训练来强化这些能力。

缺乏学习诊断是学习课业负担过重的重要根源之一。由于缺乏高水平的学习诊断,造成学习中盲目性强、随意性强,针对性与时效性差。这种情况好比是治病,既要治好病,又要少花钱,其前提条件是把病症与病因看准。

◎ 勿蹈覆辙　知错必改

被同一块石头绊倒的人是笨蛋。

所谓勿蹈覆辙,就是不被同一块石头绊倒,就是不重复犯错误。

作业上犯过的错误,我们再次做错;考试时做错的题,我们也一再地做错……就这样,我们一而再、再而三地犯老错误,充当了"笨蛋"的角色。对于这些人来说,甭说举一反三,就是举一反一、举三反一都很困难。

由此看来,不断地修正犯过的错误,在反思中澄清认识,对于学习尤其重要。

纠正错误并不难,难的在于转变观念。方法上的错误是现象,观念上的错误是实质原因。从深层次看,重蹈覆辙是出于观念上的"三个不在乎":对教材内容不在乎,对老师不在乎,对老师布置的练习不在乎。解决重蹈覆辙的问题,首先是转变观念的问题。

✳ 实现三个转变

1. 变外延拓展为内涵挖掘,练习由数量型转变为质量效益型

贪多会导致"肠胃功能紊乱",嚼不烂会导致消化不良,贪多嚼不烂于事无补。反之,练习少一点儿,精一点儿,不重复犯错误,就能够把知识掌握得更好。我们的着眼点应该放在效益上,应该通过保证质量来求得效益。这就要求,既要及时地纠正已经发生的错误,又要在未发生错误的领域有所防范。

做对的不等于弄会的。对的可能达到举一反一,那是记忆信息的输出;会的才能举一反三,那是触类旁通的表现。必要的足够数量的练习(乃至重复练习)有助于形成技能技巧,但毕竟题海无边。无节制地陷入题海而不能自拔,那是对已经完成的练习缺乏深层认识、缺乏信心的表现。要想摆脱这种局面,就要学会钻研,学会发问,学会纠正错误,学会总结,按照"具体—抽象—具体"的程序,研究有形题目背后的无形实质,在对知识的领悟中达到"一通百通"的境界。

2. 变依靠参考书为依靠课本

教师教学要高于教材,学生学习要抓住教材。教材是最具权威的读本,参考书只是辅助读物,是对教材的解读、深化和拓展。看不到这一点,主次颠倒,舍本逐末,只能事与愿违。

3. 变崇拜自己为信赖老师

崇拜自己,轻视老师,对老师的指点不加重视,我行我素,只能走向误区。古往今来,都是"学高为师、身正为范"。在知识与能力上,我们应该仰视老师,而不是平视、俯视老师。这样,我们才能对老师的指点引起足够的重视。

实现上述三个转变,意识到纠正错误的必要性、重要性,做起来并不难。纠正错误,难点不在于做起来之后,而在于做与不做之间。

❋ **区别两种错误**

按照错误的性质,我们可以把错误分为两类:一类错误是由于对概念、规律的错误理解所导致,另一类错误则是由于疏忽大意所引发。对比之下,前者是大错误,后者是小错误。

错误的出现不一定对应于高分数、大题目,可能暴露于小题目之中,关键是要见微知著,防患于未然,通过纠正那些影响较大的错误,避免新错误的衍生。那些由于疏忽大意而造成的错误,只要稍加注意,问题并不难解决。

疏忽大意在练习册上看似小事,而在实际生活中却可能酿成大事。这叫作"失

之毫厘,谬以千里"。在战争中,因为重要文件的一字之差就可能付出巨大的代价。

1930年5月,蒋介石与冯玉祥、阎锡山大战于中原,双方共投入100多万兵力。冯玉祥、阎锡山为了更好地联合讨伐蒋介石,曾经商定在河南省北部的沁阳会师,以集中兵力一举歼灭部署在河南省的蒋介石军队。但是冯玉祥的一名作战参谋在拟定作战命令时,竟然把"沁阳"写成了"泌阳"。泌阳在河南省南部,与沁阳相隔千里。冯玉祥的军队错误地进入了泌阳,贻误了聚歼蒋军的有利战机。在近半年的中原大战中,冯玉祥、阎锡山联合军队处处被动挨打。一字之差,导致了冯玉祥、阎锡山联合军队的失败,并进而影响到当时中国的政治局势。

疏忽大意体现在工程技术上,会给工程造成损失。花费4.3亿元的宁波大桥未通先折,由于桥体断裂,给国家造成重大损失。这一工程是由天津市某设计院设计的。之所以造成上述情况,一个原因就是设计工作中的疏忽。

疏忽大意体现在外交方面会有辱国格。一个寓言故事中说,有一个粗心的人,把"大使馆"写成了"大便馆"。这个事情如果是真的,岂不丢尽了国人的脸面!

至于知识理解的概念性错误,也和疏忽大意、不求甚解紧密相关。对于概念、规律的认识,需要经过"理解—记忆—应用—分析—综合—评价"的渐进式认识提升,进而有意识地纠正错误,使正确的方面得以强化。

改错是学习,是一种不可替代的学习方式与学习过程。抛开这些起码的工作不做,片面追求方法与技巧,如同空中楼阁,如同南辕北辙。

要想将来少出错,还要从现在做起,养成提前防错、善于纠错、及时纠错的好习惯。

"五环修学法"中,自始至终渗透着防错与纠错:强调先预习后上课,上课就是在纠正预习中出现的认识错误;强调先复习后解题,复习的目的之一就是为了减少解题中的错误;强调先思考后发问,也是为了最大限度地纠正错误并强化正确印象。"六课型单元教学法"中,分别有自学课、启发课、复习课、作业课、改错课与小结课。其中,"改错课"在其中占有举足轻重的地位。

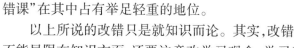

以上所说的改错只是就知识而论。其实,改错不能局限在知识方面,还要注意改学习观念、学习行为上的错。只有在学习动机、学习态度、学习意志、学习程序等方面全方位认识,全方面纠错,全方面长进,学习才能登上大台阶。

篇尾小结 本篇介绍了学习的原则,试图解决三个方面的问题。

一、有所不为的原则,是学习有所成就的必要前提;

二、同步原则与交流原则,解决学习的基本方式问题;

三、认识自己、量力而行、贵在自知、勿蹈覆辙四个原则,解决学习过程中的自我认识、自我调整问题。

应该掌握的学习技巧

开篇引言 技巧是个"巧劲"，但这并不意味着投机取巧。所谓技巧，实际上是学习的基本要求，是拙中见巧，是平中见奇。

◎ 五环修学

学生的学习是在教师指导下的学习。由于它是在学校进行的，并且有教师的指导，因而也就呈现出自身的特点。"五环修学法"就是适应这一特点而总结出来的科学的学习方法，是一种程序优化的学习方法。

所谓"五环修学法"，它的基本内容是：预习—上课—复习—作业—小结。上述五个环节不可或缺，不可颠倒，环环相扣。

上课是五个环节的中心环节，是学习知识、形成能力、克服困难的攻坚战；预习是攻坚的前期准备，有人把它比喻为作战前的火力侦察，通过这次侦察，能够避免或减少不必要的伤亡；复习是课上成果的巩固，是从上课过渡到作业与练习之间的必要的桥梁；小结则是学习成果的归纳，是知识的系统化，是方法的回顾与升华。这五个环节各自都有它独特的作用，不可相互代替。

一些人的学习程序是残缺的，能删则删，能减则减。最终，"五个环节"只剩下不得不做的两个环节，也就是上课和作业。这种偷工减料的"两环学习法"，是一种自欺欺人的方法，最终受到损失的是自己。好比吃东西，要经过牙齿咀嚼、食道输送、肠胃消化，这三个环节缺一不可。

"五环修学法"是基本的学习方法。说它是基本的学习方法，是因为天天能用，科科能用，用了就有效，不用就糟糕。

天津兴国学校毕业生杨振宏以优异成绩考入南开中学，后来进入天津大学学习。他的经验是"五环修学法"使得他长期受益。兴国学校毕业生谭维佳以突出成绩考入南开中学，也是得益于五环修学法。兴国学校学生李东，学习成绩很好，负担很轻，同学们羡慕他，他自己介绍说："我一直采用五环修学法。"

五环修学法塑造了一批又一批会学习的学生。这里，我们以"五环修学"为基本链条，并以此扩展到备考与应试，与同学们共同探讨，以求抛砖引玉。

预习贵在坚持，上课贵在专心，复习贵在及时，解题贵在规范，小结贵在系统。

◎ 课上攻坚

上课是"五环修学"的第二个环节,也是中心环节。

无论怎么说,我们都不应该低估上课在学习过程中的地位与作用。上课是学生学习知识的主渠道,是中心环节。教师和学生共同抓住这个中心环节,可以打一场干脆漂亮的歼灭战。反之,上课平淡拖沓,只能引发无休无止的疲劳战。

天天上课,每天大约能上六节正课。上课是学生时期最基本、最重要的生活方式之一。尽管天天上课,节节上课,但很多人似乎无暇思考应该怎样上课。这就好比是,天天砍柴,却忘记了磨刀。这里我们对于上课问题大书一笔,就是试图以此来开启思路,从而使得更多同学的上课状态达到一个新水平、高水平。

顺便提示一个细节,就是本书中把人们日常所说的"听课"改成了"上课"。我们认为,课上不仅仅要听,而且要以各种方式积极参与。所以,我们把"听课"改为"上课",这不是一个文字游戏,而是一种深层次的变革。

❀ 准备性开端

所谓准备性开端,就是通过预习,打有准备之仗,增强上课的主动性与针对性。

不预习就达不到这个效果。比如,某初中生上《酸碱盐》这一课,老师边讲边板书,写得很快,而且写得很多。这位学生唯恐自己的书写速度跟不上,不敢怠慢,一字不落。老师作出提示,希望他能够认真听讲,他以为让他快速抄写呢,于是抄写得更加专注。

下课以后,他发现自己在抄书,因为板书的内容全都在书上。一节课的时间,记了一些自己并不懂的东西,时间就这样白白浪费了。

不会预习,不会上课,是部分同学课堂效率低下的原因之一。

上课好比是治疗脑血栓。二者的相同之处在于,它们都是在做疏通工作。二者的区别在于,治疗脑血栓,是疏导脑血管;上课则是疏导思路,是在已知与未知之间打开通道。治疗"血栓"要找大夫,疏通学习的思路要找老师、找同学、找自己。总之,疏通思路,帮助解决一些疑难问题,需要专业人员的介入。这里所说的专业人员就是教师,他们的"出诊场合"是课堂,我们应该倍加珍惜。

❋ 波动式注意

打开已知与未知之间的通道,当然需要集中注意力,但注意的方式不同,收效也就大不相同。

如图所示,注意的方式有三种,分别是波动式注意、直线式注意与断续式注意。

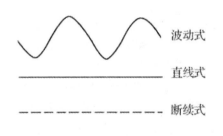

什么是波动式注意?前面讲过,有准备的上课者知道自己什么地方不会。在此基础上,对于不会的地方,他高度注意,对于会的地方可以略有放松。这种暂时的放松是高质量上课的必要条件,是为了迎接更加艰巨的挑战而做出的精力上的储备。波动式注意代表着精力支出在同一节课内的张弛有度。

波动式注意的波峰代表高度注意,代表精神的凝聚,能够产生松散状态下不可想象的效益。

与此相比,断续式注意与直线式注意则暴露出不足。断续式注意,思路不连贯;直线式注意平淡无奇,缺乏攻坚能力,是"目瞪口呆式"的注意。

我们推荐波动式注意,不赞赏直线式注意和断续式注意。

❋ 跳跃式前进

波动式注意不等于无坚不摧,当遇到高度注意却难以解决的问题时,不同的人采取不同的态度。一种是"卡壳式注意",遇到不会的问题时只抓住一点而不计其

余,因而裹足不前;另一种是"跳跃式前进",暂时跳过去,继续关注后续问题,把待解决的问题留在课后。我们不赞成前者,因为前者浪费了后续的学习时间。

合学教育在倡导学生学习方式变革的同时,也在积极推动教学方式变革。越来越多的老师,按照我们的建议,在课上采取"走走停停"的办法,这就为更多的同学解决更多的问题提供了更大的可能。同学们应珍惜这样的课上突围机会。

❋ 学习知识 也学思路

某省的理科高考状元,在上高中时物理成绩特别好,以至于物理老师发出"特赦",告诉他可以不必上物理课。然而,他仍然上,老师和同学迷惑不解。

某一天,物理老师找他谈话,了解他心中的想法,这位学生的回答是:"我在学知识,也在学思路。"他说:"论知识,我确实学得很不错了。然而,论分析问题、解决问题的能力,我跟老师相差很远。缩小这种差距,就是在提高自己。追随老师的思路,就是在发展自己的智力,培养自己的能力。"

会学的学思路,不会学的学套路。思路是思维的路线,体现了思维的方法。学思路能够把人学活,学套路则把人学死。一些同学学习时事倍功半,原因之一就是学套路却不关注思路。

❋ 学习结论 也学过程

有的同学,看书时明白,上课时明白,但到了解题时就不明白了。其症结在于,这种明白是浅层次明白。他们上课时只注重结论,而轻视了形成结论的过程。

结论之所以被看得很重要,就是因为它们是人类长期探索的结晶,是知识的果实。在知识的宝库中,每一粒知识的果实都那么饱满,就是因为它们经过了长期的、艰难的孕育。

知识的果实(即结论)无论怎样饱满,如果不加以消化吸收,而是简单地照搬到大脑

我学知识,也学思路

当中,这些果实都会变得干瘪,都难以发芽。知识的果实极大地区别于植物的果实,植物的果实不因为位置的更换而丧失生命力,知识的果实却因为生搬硬套而变得干瘪,进而失去生命活性。

看来,不会解题是由于知识之果在大脑中干瘪而不能发育,干瘪的原因则在于未经过亲自培育,而是简单地把知识做了一次搬动,从书本搬运到大脑。只有扎扎实实地追溯结论的产生过程,知识的果实在大脑中才能是丰满的,我们才可以用它去解决问题。知识学习中的思维过程,对于知识应用中的思维过程,具有示范引领作用。

需要说明的是,"学习知识,也学思路"与"学结论,也学过程"两种说法非常相似,实际上各有侧重。前者着眼于师生的双边活动;后者则着眼于知识的发展过程,即知识的来龙去脉。

✳ 以听为主　以记为辅

听老师讲解是一种开拓性的工作,记忆则是一种巩固性工作,没有开拓就没有实质意义的巩固。因此,当倾听与记笔记有冲突的时候,要以倾听为主,以记笔记为辅。

至于记笔记本身,也要因人而异。我们建议标记以下四点:纵向加深的、横向加宽的、老师校正的与暂时不会的。

✳ 积极思维　溢于言表

有人形象地打过这样的比方,说:"语言是思维的外壳,思维是语言的内核。"这个比方相当恰当,它形象地说明了语言和思维的密切关系。要想说得出,先要想得到。平时上课时,老师希望我们踊跃发言,正是这个道理。

总体来说,学得好的同学往往是那些在课上默契配合、积极发言的人。而这部分人恰恰是那些积极思维的人。相反,那些课上沉默不语的人更可能对知识报以冷漠态度。

思维是语言的源头,语言对思维具有助推作用。明白了这样的道理,我们就应在课堂上理智地激励自己去说话。其直接意义在于训练口头表达,间接意义在于推动思维;短期意义在于提高课上效率,长久意义在于培养交流与协作能力,在于生存与发展。

在择业的竞争中,我们当然要通过语言来推销自己。但是试想,如果在课堂上面对着熟悉而且和睦善良的老师、同学都不能说话、不敢说话,将来走向人才市场时,我们能行吗?

❋ 尝试回忆

尝试回忆就是在一节课临下课的几分钟,尝试性地把老师在课堂上讲过的内容回想一遍。或是在一天下来的时候,把当天的功课作一个回顾。通过回想,考一考自己:在知识方面,老师讲了几个问题?有哪些已经会了,哪些还不懂?哪些不完全懂?

尝试回忆有着课后看书不可替代的作用,它的优势在于:

(1)省时间。所用时间只是课下读书时间的几分之一。

(2)增强课下看书和记笔记的针对性。回忆是对课上学习成果或知识巩固程度的无声表达,回忆不起来的正是自己所不会的、不熟的。在这个基础上,可以有针对性地读书、记笔记。

(3)开发智力。回忆,不是被动地让书本牵着走,而是主动地诱发自己的思考,这无疑是在开发自己思考问题的能力,也增强了记忆的效果。

尝试回忆是一次艰难的思考,它的难度不亚于读书。经过这种艰难的过程,可以同步发展记忆力、理解力、想象力。

◎ 解题谋略

我们学习的学科很多，每一个学科的问题门类都很多，这里只在宏观上谈几点解题策略。

❋ 先复习　后解题

做题，是在初步掌握知识的基础上，通过应用，深化知识理解，强化思维训练，优化表达效果，培养实践能力与创新能力的智力活动过程。

为什么要先复习后解题？因为，只有先复习后解题，解决问题时才能得心应手、水到渠成；只有先复习后解题，才能登上预期的台阶。对原有认识的反思、凝炼与抽象，是上课与解题之间的必要桥梁。

然而，从小学到大学，很少有人重视这个台阶与桥梁。很少有人思考过"为什么要解决问题"，他们之所以做题是因为那是老师布置的作业，所以多留多做，少留少做，处于被动应付的状态。他们不是在解题之前先复习，而是在遇到障碍时临时查找相关知识。这种做题的方式，被称为"查字典式"的解题方式。

"查字典式"的弊端在于，不能够全面深刻地掌握知识，只能支离破碎地占有知识，提高的幅度小，浪费的时间多，难以形成能力。

其实，掌握知识、解决问题都不是最终目的，它们都服从于培养能力这一目标。先复习，后解题，有利于掌握知识、解决问题，最终有利于培养能力。

❋ 先对症　后下药

"先对症，后下药"是医生们常规的诊疗程序，但拙劣的医生把握不好，常常是在"对症"上出毛病。

一位患者患了腰疼，到医院去找医生。那位医生略加思索，说："腰疼是常见病，你这是风湿，用点药，加强锻炼，很快就会好的。"

遵照医生的嘱咐，患者及时用药，坚持锻炼。

几天以后,患者的病情不但没有好转,反而更加严重。他开始怀疑这位医生,于是去找另一位医生。经过仪器检查发现,他的病不是风湿病,而是腰间盘脱出,这种疾病切忌大幅度体力活动,更不适合高强度的体育锻炼。

真的很糟糕,由于对症出了问题,弄得南辕北辙,落得个花钱买罪受。

以医生治病的过程对比学生解决问题的过程,可以看出,审题就是对症,解题就是下药。

看来,解好一道题,还真的需要在审题方面下工夫。一位作家回忆自己的中学时代,说他的作文在班内最好,但他每次总是交得最晚。这是因为,他在"对症"即审题方面下更大的工夫。

医生治病讲究对症下药,法官断案要以事实为依据,以法律为准绳,学生解题要先审题后解题。以上这些,行业不同,角色不同,但道理是一致的。不对症乱下药,会造成医疗事故;不调查乱定案,会制造冤假错案;不审题乱解题,也会弄出种种笑话。

在解题的过程中,一要认清事实,二要寻求依据,三要将题目中的事实与解题依据对接起来。解题的过程,就是将题目中给出的条件进行准确的认定,并且依据已知的知识,把未知转化为已知的过程。

解决问题要两手抓,一手抓事实,一手抓依据。一方面,不能认定事实,解决问题就陷入盲目,等于乱下药;另一方面,不能熟练地掌握知识,即使把题目审得再清楚,也无计可施,这等于有药不会用。可见,一手抓事实,一手抓依据,应该"两手抓,两手硬"。

当然,审题能力不是孤立存在的一种能力。审题能力的培养,和阅读能力的培养紧密地联系在一起。在日常学习中,我们应该养成独立阅读教材、独立思考、独立处理信息的习惯,这和审题的思维过程是一致的。

❀ 捆成捆　贴上标签

题海无边,解题以后加以归类,才能从茫茫题海中解脱出来。否则,题做得越多就越杂乱无章。因此,我们提倡解决问题要"捆成捆"(或者叫"串成串"),进而求得以一当十、以少胜多。

记得高考复习时,教语文的王长林老师很善于给知识"捆成捆"。他引导我们复习,不是以书的先后为序,而是以知识的门类为序。比如复习《天山景物记》,老

师弄得很细,竟然用了两个周。同学们着急了,以为两个周复习一篇文章,何时才能复习完?

王老师告诉我们,他的方法是把知识"捆成捆",这样在一篇文章里费时间,在总体上却节约了时间。让我们记忆犹新的是,通过复习《天山景物记》一文,我们真正弄懂了什么是散文、散文学什么、怎样学散文。这样,在这一"典型例题"的引领下,其他散文的粗读、研读也就很顺畅得法。

复习进展得很快,收效也很好。那年,我们班语文考得很好,我们的负担也很轻,我们是把知识"捆成捆"进入考场的。散文捆成捆,诗歌捆成捆,小说捆成捆……

在读高中和读大学时,本书作者张素兰很善于把知识捆成捆。每次备考,当别人拓展疆域,拼命地多读书、多做题时,她的开拓终止了,不再耕耘,而是着力于收获。她不是读新书、做新题,而是回过头来读旧书,翻看旧笔记,而后把做过的题目分门别类,找出共同点,以点带面。这种独特的方法,使得她在重大的考试中总是佼佼者。

"捆成捆"的东西贴上标签,就增强了彼此之间的区分度。所谓"贴标签",就是给已经归纳出的类型起名称,叫出某某类型。可以设想,若一个班的学生都没有名字,或者是很多人都重名,那么将会有怎样的尴尬。

贴标签的过程也是一个起名的过程。起名称是必要的,起名称也是学习,它使得我们学会总结。这样,抓住了问题的典型意义与典型解法,就能够触类旁通。

◎ 化难为易

解题时,难免遇见难题。解决难题的意义之一在于进一步提高分析问题与解决问题的能力。面对难题,有的人一概不管,绕道而行,学习就徘徊在同一水平,难以提高能力;有的人只顾难题,不计其余,这样即使把难题攻破了,也难免顾此失彼,因小失大。

遇到困难,回避象征着软弱,强攻意味着鲁莽,最可取的办法是"智取"——讲求策略。

※ 难在何处

难题即困难,困难只有被克服才能消除。克服困难要有勇有谋。若无勇无谋,即使面对困难不停地喊"难",它也不因为你不停地呼喊而退步。

关于"难",我们有必要区别两个概念:一是感觉到难,二是知难。从"感觉到难"到"知难"是一种巨大的进步,是一种飞跃。在日常情况下,遇到困难,我们只是感觉到难,而并不知难——不知为何而难、难在何处。因而我们面对困难,喊天而天不应,叫地而地不灵。困难的包围给人的感觉是痛苦的。从感觉困难到战胜困难的中间桥梁是知难。打个比方,一般的病人只能感觉到病而不能知病,经医生的诊断后才能知病。在这中间,感病、知病和治病是相互分离的,病人只管得病,知病和治病的事情全部交给了医生。面对解题的困难则不同,在你感觉到难的同时不能有专门的人员尾随着你,帮你知难与治难。所以,解题时,应该是自己做自己的"医生"。

解题难,可以从两个角度来看:一是难在题上,二是难在人上。

"难在题上"表现于三点。

1. 因新而难

已有的经历和体验能给人留下经验,而未曾经历的却在我们的经验之外。经验之内的因旧而易,经验之外的因新而难,突破这种难点当然需要扩大见识面。

2. 因隐而难

题目中的隐含条件,由于处于隐蔽状态不易发现而带来了难度。如,你开车带两名同学出游,他们中某人送你一个苹果,另一人送你一根香蕉。请问这次出行的司机是谁? 答案是在叙述中隐含的。克服因隐而难,就要培养自己的洞察力。

3. 因杂而难

题中叙述的内容多,涉及的知识多,相关与不相关的信息多,多则杂,杂则难。

解决因杂而难的问题,就要注意条分缕析、归纳总结,培养分析能力。现在,各个学科的中考、高考都很注重学生信息处理能力的考查。加强这方面的训练,首先要注意相关信息与无关信息的"排查训练",其次要注意主要信息与次要信息的"排序训练"。

"难在人上"也表现在三点。

1. 因懒而难

懒人面前什么都难,解难题更不例外。由于病根在于懒惰,所以要下大力量治懒病。

2. 因乱而难

思路紊乱,当然会出现解题难,根治的办法是借助于任何机会训练思维,以求思维的规范化与条理化。

3. 因"双基"不牢而难

难题对于这部分人来说,台阶太高,跨度太大。这些人重要的不在于攻难题,而是为攻破难题打基础。

知难是必要的,以下我们再进一步探索攻克难点的办法。

❈ **画出思路图——思路可视化**

什么叫思路?什么叫思路图?为什么要画思路图?怎样画思路图?

所谓思路,就是人们思考问题的基本路线,它存在于人的大脑里。它是实在的,又是无形的。思路,只有借助口头的或书面的形式加以表达,才能为人所知。对自己而言,通过表达的激励作用,可以使模棱两可的想法在瞬间变得清晰。一些想法,通过说或写而发生了质变,就是这个道理。从大脑的反映到书面的表达,是思维的一次跳跃,它足以使

模糊的想法变得明朗。画出思路图,正是为了实现这次跳跃。

所谓思路图,就是思路的书面表达形式。这是一个广义的概念,它可以是图、表与提纲等。

面对难题,画出思路图很有必要。因为越难,我们的思路往往越模糊。通过画出思路图,才知道自己正在怎样思考、应该怎样思考、在何处"卡壳",由此也知道了主攻方向。本书作者一再得益于思路图,对此深有体会,深受其益。

那次,我初次作为被告代理人走向法庭,由于有思路图的导引,答辩从容,竟然胜诉。这似乎是在意料之外,却在情理之中。被告是我的学生,若败诉,将造成他三万元的损失。出于对老师的信任,他请我作代理人,尽管我不是律师。我知道,法庭审判,不是谁喊冤便断定谁冤,而是以事实为依据,以法律为准绳。为此,在进入法庭以前,我们详细拟制了"思路图"——辩护提纲。

提纲中详细列举了典型事件,并加以剖析,对原告的要求逐条加以驳斥,并正面阐述了我方立场,有条有理,使对方无懈可击。这样,我方坦然地走进法庭,又因胜诉而从容地走出法庭。

反之,若没有"思路图",而是满足于大脑中的粗浅轮廓,我们就不一定胜诉,或者是很难胜诉。

❋ 设置台阶——途径具体化

美国学者罗恩·哈伯德在他的著作《少年儿童学习入门》一书中,以漫画的方式揭示了这样一个道理:登上峭壁山顶的方法之一是在峭壁上开凿台阶。

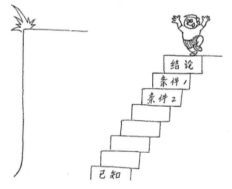

难题相当于峭壁。解决难题的策略之一,就是以退为进,开凿台阶,通过降低难度,达到攻克难关的目标。

对于具体的难题,台阶应该是这样的:

采取逆推的方法,从欲求得的答案开始追溯,大体过程是:答案→条件1→条件2→……→条件n→已知。其中,若干个条件便是从已知到未知的台阶。

设置台阶的策略,实质上是以退为进,寻求多角度解决问题的策略。不会设置台阶者,便去"钻牛角尖"。牛角尖越来越细,越来越窄。善钻"牛角尖"者,其思维是"点式"的,或是"线式"的,不是"发散式"的,其特点是封闭、狭隘,不撞南墙不回头。

❋ 放风筝——调动潜意识

风筝,因为有线的控制,我们可以把它放出去,也可以把它收回来。

对待难题,我们应该像放风筝那样能放能收。放,不是放开不管,而是在百思不得其解时的暂时搁置。放,是为了避免无用功。这里所说的"放风筝",指的是"既放开又挂念"的心理状态。

我们可能有这样的体会,解决某一问题时,虽冥思苦想可能不得其解。然而,当休息一夜或中断几天之后,因受到某种启发,突然产生了灵感,问题便迎刃而解了。真是"有意栽花花不开,无心插柳柳成荫"。

对此,心理学家作出解释,认为是"潜意识"在工作,"放风筝"便是利用人们的"潜意识"。这种"潜意识"的效应不是随意发挥出来的,而是集中精力后瓜熟蒂落的产物。

当年,李景龙辞去公职时,未曾忙碌于商界,而是执迷于学术,淡泊以明志,宁静以致远,生活慢条斯理,外松内紧。尽管表面上轻松自由,但大脑深层未敢歇息片刻。邻里及友人不解,背地里议论我,说此人"好吃懒做,不可救药"。

某日,到理发店里修理头发,理发店的女士脱口便问出一句:"你还呆着呢?"我无言以对。在别人看似消闲的时日里,我正思索着学习谋略这一深沉的课题。

本书提到的"杠杆模型"的骨架,是在一天深夜里想到的,乃至影响了第二天的律师资格考试。在面向众多师生讲述这些内容时,不少人为之惊叹,向我请教方法。我说,除了搞调查、抠书本以外,爱散步,貌似休闲,实则未曾懈怠。此法谓之"放风筝"!

◎ 归纳总结

❋ **以不变应万变**

教几何的王老师遇到这样一件事。她在班内讲了一道几何题,当时学生们基本上明白了。第二天,她又出了一道新题。尽管这道题与原来的那道题颇为相似,但多数学生没能做出来。其实,说这两道题"相似"不如说这两道题"相同"更为精确——第二道题只是把第一道题的图形旋转了90度。讲过的便会了(暂时会了,感觉到会了),图形转了90度以后便不会,这样的"会"是假象。

形成上述情况的根本原因在于不善于总结。这样一道题一道题地做,就题论题,就不能超脱题海。反之,做一道题后加以总结,由一道题而升华为一类题,同类问题便迎刃而解,这就叫触类旁通、以不变应万变。

不善于学习的人,其学习的路径是"题目—题目",即"具体—具体";而善于学习的人,其学习的路径是"题目—道理与方法—题目",即"具体—抽象—具体"。这个抽象的过程即归纳道理与方法的过程,就是我们日常所说的"总结"。经过总结之后,就像是前进的道路上有了一盏有亮度、有高度的探照灯。点亮一盏灯,照亮一大片。善于总结,就是善于制作探照灯,这样在解决问题的道路上就可以减少黑暗与盲目。

❋ **知识问题化　问题具体化**

知识问题化是指向深层的穿越。因为,浮在表层的问题是有的,但更多的问题埋在底层,需要探测,需要开掘。

古人曾讲过"书读百遍,其义自见",其实此语不完全正确。读书是极其艰苦的

劳动,几分耕耘,几分收获。问题要自己去发现,结论要自己去生成,探求结论的途径要自己去寻觅。没有这些,书中的深层底蕴不可能因读的遍数多而自我暴露。试想,若地下有煤,你却不去开采,而是在上面转来转去,能因为你转的遍数多就出煤吗?

读书能不能取得成果,首先要看你是否发现了问题。这就是"知识问题化"的必要性。

进一步讲,不但应该把知识问题化,而且应该把问题具体化。好比是挖煤,我们不但要探测好煤田的范围,更要选准掘进的位置。这是影响效果的关键细节。

问题具体化,就是把问题列出甲乙丙丁、一二三四,就是把问题明确地落在纸面上。没有发现问题并解决问题的过程,所谓的"总结"便是从虚无走向虚无:不总结时大脑空空,总结之后还是大脑空空。

✳ 消化　简化　序化

总结的过程,是知识的浓缩而不是抽取。所谓浓缩,是把知识变成"压缩饼干"。抽取是很可怕的,如同人的肋骨,长在身上是肋骨,而抽取出来便成了一块腐骨。不顾条件地从知识的机体中抽取几条骨架,非但不能解决实际问题,相反,那些骨架会因为脱离了机体而干枯、坏死。把书读薄的过程,那不是抽取,而是浓缩,是吸收。这就要经过"消化、简化、序化"。

首先应该清楚的一点是,消化并加以吸收的,才是属于你的。在电视上,我们看见过非洲难民儿童。一个个孩子好可怜,他们的脑袋与肚子在细小的胳膊与小腿的反衬下显得那么大!究其原因:一是营养不良,二是消化不良。过低的营养使他们不加选择、不加控制地进食,胃肠不能蠕动,进而形成了可怜的形体。

雏鸡也有类似的病态,它们会因进食过量而导致嗉囊膨胀。对此,不需用药,只要增加饮水、控制进食即可"治愈"。

很多学生的大脑像是难民儿童的肚子或膨胀的鸡嗉囊——装着满满的、低劣的、不加消化的东西。食而不化是个危险的信号。摆脱这种病态,一要控制"进食量",精选学习的内容;二要加强消化,强化消化功能,增加消化时间。

消化之后要简化、序化。

简化、序化是大脑的需求,大脑喜欢简洁,喜欢有序。

简化是一种概括。通过概括,可以提纲挈领、纲举目张。在语文课上,我们学过概括中心思想和段落大意,这既是在培养总结的本领,也是在学习简化的方法。通过序化,可以梳理结构,理顺关系,把知识放在它应有的位置,这样才能在应用时快速提取。

❋ 由模糊到清晰　由具体到抽象

比格斯把学生对某个问题的学习结果划分为五个层次:前结构、单点结构、多点结构、关联结构和抽象拓展结构。由低到高的五个层次,其具体含义如下:

层次	特征
1. 前结构层次 （prestructural）	基本上无法理解问题和解决问题,只提供了一些逻辑混乱、没有论据支撑的答案
2. 单点结构层次 （unistructural）	找到了一个解决问题的思路,但却就此收敛,单凭一点论据就跳到答案上去
3. 多点结构层次 （multistructural）	找到了多个解决问题的思路,但却未能把这些思路有机地整合起来
4. 关联结构层次 （relational）	找到了多个解决问题的思路,并且能够把这些思路结合起来思考
5. 抽象拓展层次 （extended abstract）	能够对问题进行抽象的概括,从理论的高度来分析问题,而且能够深化问题,使问题本身的意义得到拓展

上述对于学习结果的分类,描述了学生学习的群像,对于提升学习质量具有重要的指导意义。实际上,思维质量偏低的学生,其思维往往处于单点思维的层面。如果说,学习与思维活动像是登山,那么上述表格告诉了我们山在哪里,告诉我们顶峰在哪里。同学在一起的时候,可能难以判断彼此间的差距。当我们把上述表格与自己、与同学做对照的时候,我们就知道了差距在哪,知道了自己进取的目标在哪。

学习时作总结,我们可以借鉴上述表格中的认识层级,把总结归纳指向更高的层次,尤其是在复习的时候。

◎ 备考复习

备考复习是考前的"战备",是临阵前的摩拳擦掌。在重大考试前,人们总是通过精心细致的准备,为赢得实战胜利创造条件。

那么,怎样备考才是最佳的呢？这里有个战略问题。实施不同的战略,效果通常大不相同。

田忌赛马,他的上、中、下等马分别不及对方的上、中、下等马。他以其上等马比对方中等马,以其中等马比对方的下等马,以其下等马比对方的上等马,最后以2：1获胜。他采取了反败为胜的超常战略。

在抗日战争的战略防御阶段,毛泽东采取"敌困我扰、敌疲我打、敌进我退、敌退我追"的游击战术,改变了敌我双方的实力对比关系,实现了以弱胜强。这是革命领袖毛泽东的过人才智。这种战略的特征在于,集中力量,形成阶段性的局部优势。

我们研究备考战略,就要守正出新,创造局部优势,并求得以弱胜强、反败为胜的出奇效果。

※ 先逮"死老鼠" 后逮"活老鼠"

有人觉得"死老鼠"与"活老鼠"难以区分。实际上,这样的事情就在身边。

比如,人教版初三物理讲述了内能跟什么因素有关。紧接着就出了一道问答题,所问的正是刚刚讲完的,作为课本上讲到的并且由教师强调的内容,有的学生却找不到答案的位置。细心的同学做了一次测量,发现答案与问题只相距 5cm。"死老鼠"就在 5cm 之内,"猫"们却视而不见,这是多么奇怪的事啊！

考试中,有的概念的出题形式并不灵活,答案是几乎不可更改的词句。这种题纯属"死老鼠"。学习中,我们首先要练就"逮住死老鼠"的本领。如果连"死老鼠"都逮不住,还能采取灵活的变式捕捉活蹦乱跳的"活老鼠"吗?还能期待在考试中取得好成绩吗?

上述这番话是针对考题中的容易部分而言的。那些相对容易,相对基础的内容,需要在理解并记忆的基础上加以"固化"。

❀ 以总分为核心　最大限度挖掘潜力

不难理解,考试是以总分高低决出名次的,而不是靠单科分。为此,考生应增强总分意识,最大限度挖掘潜力,最大限度提高总分。

这些,想起来容易,说起来容易,做起来却很难。

先说总分意识。在学校,每个学科的老师都说自己所教的学科重要。这样,由于缺乏统筹,单科的作用被夸大了,总分意识被淡化了。

再说挖掘潜力。我们提高总分,不应该是喜欢什么学科就多下工夫,也不应该是什么学科薄弱就多下工夫,而应该是什么学科潜力大就在什么学科多下工夫。在潜力大的学科上多下工夫,最可能大幅度提高总分。

为此,我们在复习时应对自己进行潜力诊断,增强潜力意识。

一般说来,用较少时间,成绩就有较大幅度提高的学科,便是潜力大的学科。而用很多时间,仅有较小提高的学科,便是潜力小的学科。

以上这番话是针对学生自身情况而言的,我们可以结合上述提示,针对自己的实际情况制定自己的方案。

❀ 强化记忆　训练思维

这里涉及学习能力问题。伴随着知识的长进,人们的学习能力得以提高,学习能力的提高又会作用于知识的学习。文化知识与学习能力通常是同步增长的。学习能力包括观察能力、理解能力、记忆能力、思维能力、想象能力和实践能力等。由于升学考试通常采取笔试,因而对考生能力的考查带有相当的片面性,表现观察能力、实践能力、想象能力的分数比重相对小。这也是考试与日常学习的区别。研究者证实,目前的考试偏重于考查记忆能力、思维能力和表达能力。

记忆是很必要的。北京市一名理科高考状元能记住数学上的全部公式,并能记住化学上常见物质的分子量。已知分子量求分子式的"推算型题目",由于他记

下了分子量,因而变成了"验证型题目"。这就大大节约了做题时间。

李政道教授到上海某高校讲学,他做了一个发人深省的实验——考上海地图。一个上海籍大学生在那里土生土长,是个"上海通";而一个外地大学生不曾出过几次校门,出去便迷街。李教授给他们出了一道特殊的考题,让他们在地图上标出地名。那名外地大学生由于提前背地图而答了高分,而那位上海籍大学生则处于弱势,因为他没有背地图。李教授试图通过这样的实验来研究中国的考试中考了些什么。

总之,备考阶段应侧重进行表达能力、思维能力与记忆能力的训练。认识到这一点,整体思路就明朗多了。

以上这番话是针对考试特点而言的。在整体提升素质的基础上,结合考试的特点,找到相应的备考技巧也是必要的。

❋ **远抓理解型　近抓记忆型　天天抓经常型**

这里试图依据学科特点,对学科进行分类,进而帮助同学们抓住特点,节约工时。

语文、外语属于经常型,其长进靠日积月累,周期长,见效慢,应经常学习,天天不放,积土成山,集腋成裘;政治、历史、地理等学科,平时应加强理解,考前应强化记忆,考前记忆对卷面分数影响很大,可称之为记忆型;数学、物理、化学、生物应重在理解,重在计算的技能与技巧,应主要在前期下工夫,这一类型的知识可称之为理解型。

远抓理解型,近抓记忆型,天天抓经常型,是复习备考阶段最佳的精力分配方式。

各学科也存在相应的备考复习战略,如语文的备考复习战略应该是:远抓作文,近抓背诵,常抓阅读,天天抓字词。

以上这番话是针对学科特点而言的。当然,我们还应从应试教育的模式中自拔出来,真心实意地提高素质。从素质的角度看,重记轻思和重思轻记都是欠妥的。因为,重记轻思,记的便是没有价值的死知识;重思轻记,由于缺乏思维的材料和依据,思维也不会深刻与灵活。

◎ 坦然应试

考试，不该是老师的法宝；分数，也不该是学生的命根。尽管如此，考试还毕竟是检验成绩、选拔人才的重要手段。有考试必有应试，提起应试，人们自然联想起应试教育。其实，应试和应试教育是两回事，应试教育是片面应试，把应试成绩看作唯一指标的教育，而应试本身则是对学习过程、学习结果的检测。应试本身没有什么坏处，素质教育也要考试。

因此，我们应该正确看待考试，正确对待考试。

❋ 把练习当考试　一丝不苟

有的学生，遇到考试便心有余悸，出现"怯场"现象。这一方面是由于心理素质不强，另一方面则由于日常学习功力不足所致。其中，后一原因占主要地位。

一般说来，考试时我们总是全力以赴、一丝不苟，日常学习时却很难做到这一点。这是一部分学生的表现，也是他们的欠缺。考试之所以考得不好，最根本的原因是平时学得不够，是因为没能把每次练习看得像考试那样认真。试想，如果我们总是把练习当考试，抱以一丝不苟的态度，在耕耘过程中从严从细，那么，在收获的季节还愁没有沉甸甸的果实吗？

鉴于这样的考虑，在此把这样一句话推荐给学生，叫作"逢小事举轻若重，遇风浪处变不惊"。仔细一想，大家也不难接受。经验告诉人们：关键时刻落落大方的人，通常是平时举轻若重的人；关键时刻狼狈不堪的人，通常是平时无所顾忌的人。拿小事不当事，大事来临总有事；拿小事当大事，大事来临平安无事。如果说考试是件大事，那么，平时的练习便是一件件不可忽视的小事。平时练就一身真功，艺高人胆大，考试有何惧哉？

把练习当考试，是我们很多人不愿意做的事。然而，人不能仅仅凭着喜欢与不喜欢做事，还应考虑重要与不重要、必要与不必要做事。今天做别人不愿意的事，明天才能做别人做不了的事。

❋ 把考试当练习　淡然处之

在平时严谨治学的前提下,对考试要持以淡然的态度。经验告诉我们,只有放开,才能发挥。

1. 对考分要淡然

只要基础扎实,考好了是正常发挥。即使发挥不好也没关系,因为学得啥样自己清楚,分数只能反映大概,不能十分准确地反映出真实水平。另外,人的很多方面是不能用考试加以测评、加以量化的,比如品德、潜力、动机、兴趣、责任心等。而这些不能量化的内容,对人的影响远大于分数。这样一想,分数至上的观念也就被冲淡了。

2. 对考试的影响要淡然处之

考试在升级、升学时显得尤其重要,致使一些人望而生畏,患得患失,这样反倒形成了负面影响。相反,持之以淡然的态度,真实的水平才能表现得淋漓尽致。

其实,成才之路千万条。成才的前提是成人。能够立身处世的人,有其日臻完善、奉行不悖的行为准则。在这样的前提下,解决了"做什么人"的问题,人生的做事目标可以做动态化调整,此路不通可走彼路。意识到这一点,就不会为考试的成败而顾虑重重了。

学生参加考试就如运动员参加比赛,优秀者善于进行心态的调整。就说运动员接受记者采访吧。记者以十分尖刻的语言问道:"请问你能保证拿冠军吗?"对此,谁说能保证谁就是在自己的跑道上埋藏钉子。关羽也曾败走麦城,诸葛亮也曾由于误用马谡而失街亭。可见,大赛之前夸下海口,显然于己不利。而在比赛之前自认不能夺冠,也极大地挫伤士气。"我会尽力的"这样一种回答方法会使他左右逢源:赛绩优良是由于尽力所致,赛绩不佳也无怨无悔——因为已经尽力了。若比赛成绩欠佳,记者再次追问,善于应对者会说道:"我已经尽力了。"

"尽力"二字,可使外界压力与内部压力减小到最低限度。

考试也是这样。考前以尽力而自励,考后以尽力而自慰,考好考坏尽力即可。

作为学生,不能不关注分数,但也不能只关注分数;不能不关注考试,但也不能只盯着考试。升华目标,可以弱化考试与分数带来的负面影响。把目标锁定在优秀做人、成功做事、幸福生活,就能淡化眼下的得失与坎坷。

❋ 把瓶里的水全部倒出来

对待考试,在态度上要淡然,在细节上却要严阵以待,分毫必争,这就要研习考试的技巧。所谓考试的技巧,就是真实水平的最佳发挥,就是"把瓶子里的水全部倒出来"。

衡量考试成功与否,不应该仅仅以考分的多少做主要标准,而应该以发挥的程度为标准。"把瓶中的水全部倒出来"的考试就是成功的考试。为此,应注意以下三点。

1. 时间有序　先易后难

现在的考试,一个普遍的特点是题量大。为此,建议你拿到考卷后,要把考题由前到后简略地看一遍(注意:不要被难题吓懵!)并给简单的题做个记号。然后,回过头来做简单的题。这样先易后难,尽力发挥,交卷后才无怨无悔。

这里说明一点,在重大考试中,考卷中不得留下记号,应在交卷前擦掉。

2. 题目有别　能取能舍

答卷时,人们习惯于把所有的题都答上几笔——哪怕是不会的、没把握的也要答,似乎是留下点"空白"就不舒服。这种做法可能得不偿失。因为,在不会的、没有把握的题上消磨过多时光,会导致在能得分的题上丢分,从而影响正常水平的发挥。

伤其十指不如断其一指。面对一张考卷,就应该把题目加以区别,分出档次,作出取舍。有所失才能有所得。为此,不会的题可以干脆不做。给自己一个恰当的考试期待,是做出取舍的心理基础。

3. 精力集中　只想一道题

由于把考试看得很重,我们通常在做一道题时还牵挂着另一道题或另外几道题。这样心神不定,会影响心智的发挥。考试时,应该只想一个题,在同一时间段抓住一点,不计其余。

当然,集中精力只想一个题,做起来很困难,平时就应加强这种训练。

❋ 把考卷当教材　认真反思

考试是成绩的检测,也是学习过程的必要反馈。无论在检测的意义上还是在调整的意义上,我们都有必要把考卷当教材,引发必要的反思。

所谓反思,一是要反思知识的欠缺,二是要反思学习方法的不足,三是反思学习方向的不当。面对一张考卷,我们还可以按照"知识、思维与表达"三个方面做出微观分析。有了这种反思并明确化,尤其要落在文字上,落在行动上,我们才能用好用足考试这一成长素材。

◎ 驾驭注意　学有方向

※ 专心致志　潇潇洒洒

人的一生,在历史的长河中,只不过是短暂的一瞬。在这短暂的一瞬间,用于学习的时间则更短。

不算细账,我们的学习时间可以以年来计算。但细算起来可以发现,吃喝拉撒睡以及休息、活动、放假占据时间的三分之二。也就是说,每读三年书,在校的有效学习时间只相当于一年。

如果把人的精力比作阳光,那么,对精力的支配方式可能有两种:一种是凸透镜式的聚光方式,另一种是凹透镜式的散光方式。前一种属于专心致志的学习,后一种则是三心二意、半心半意乃至无心无意的学习。专心致志的学习能使智能之光化作燎原的火种,照出一条学习、思考、创造的光明大道。

我们不可高估自己。在拥有 70 多亿人口的地球上,我们只是渺小的一个分子。同时,我们也万万不可低估自己。因为,我们的大脑中有 1000 亿个活跃的神经细胞,是地球上人口总量的近 20 倍,我们自己就是统率智能细胞的"总司令"、"大元帅"。每个神经细胞都可以和其他细胞构成 2 万个连接,我们的大脑就是世界上最先进、最复杂的"计算机"。

成功的学习者是自控力强、注意力集中的人,他能把众多的神经细胞团结起来,让它们相互协作奔向一个学习目标,这就是专心致志。相反,失败的学习者则是自控力差的人,他的大脑细胞是四分五裂的一些"小诸侯"、"小集团",其中的一个小集团想学习,其他的一些集团则想吃喝玩乐。这样,学习的微弱力量在相互力量的对比中就被淹没了。

自控力强、注意力集中的学习者是幸福的。他们享受于学习,沉浸于学习,因自控力强而投入学习,做该做的事,把该做的事情做好。这样,既符合社会大潮,又顺应个人意愿。在自身与社会之间、应该做与愿意做之间、行为与成效之间,他们因和谐统一而感受到美,因付出的回报而感受到乐,因为能够统领上千亿个神经细胞战胜困难而感受到欣慰与自信。简言之,他们因自控而专心,因专心而幸福。

相反,自控力差、注意力不集中的学习者是痛苦的。作为学生,他们深知自己该干什么、该干好什么,但这些该干又该干好的事情却不愿干。试想,该干的事情不愿干,不该干的事情随意干,这样的人能不痛苦吗? 没有自控力,便没有注意力。

专心致志,通俗地讲就是把学与玩儿严格地区别开。学与玩儿严格区别,说起来容易,做起来却很难。君不见,某些同学学习起来不专心,一会儿摆弄东西,一会儿跟同桌说话,一会儿回顾下课玩耍的东西,一会儿品评足球比赛……注意力难以持久,学起来收效甚微。到活动时间,别人去玩儿了,他们又因怀有负疚感而惦念着学习,玩儿得也不开心。到头来,这些人既没有好成绩,也没有好身体,落得两手空空。

潇潇洒洒无疑是享受人生,专心致志也是人生的享受。痴迷于未知的世界,遨游于知识的海洋,物我皆忘,心旷神怡,这不正是专心致志所进入的境界吗?

学,贵在专心;玩儿,贵在潇洒。

❉ 8 + 1 ＜ 8　　与　　8 － 1 ＞ 8

在强化专心学习的同时,切不可淡化必要的休息与活动。论学习时间,可得等式 8 + 1 = 9,8 － 1 = 7;论学习成效,上述等式则未必成立。因为:学习成效 = 学习时间 × 学习效率。我们关心这两个因数的积,而不能只关心某一个乘数的具体数值。

有的同学,片面延长学习时间,不舍得休息一会儿、玩儿一会儿。他们忽视了学习效率,以为学习效率是恒定的,以为学习成效与学习时间成正比。其实,这是一个不应有的误会,学习效率不可能是恒定的,它是由情绪状态、身体状况等多种因素决定的。片面延长学习时间,可能大幅度地降低学习效率;适当缩减学习时间,也可能大幅度地提高学习效率。因而,在学习成效上,可能出现 8 + 1 ＜ 8 与 8 － 1 ＞ 8 的关系式。也就是说,以学习 8 小时为例,增加 1 小时学习,总成效可能不及 8 小时;从中抽出 1 小时用于活动与休息,总成效可能高于 8 小时。

当学与玩儿互相混杂时,玩儿是学习的敌对面;当学与玩儿严格区别时,玩儿好是学好的条件。适时、适当的活动不是耽误了学习,而是促进了学习。因此,每天应抽出时间参加文体活动或其他活动。文体活动与其他活动,不只是书本学习的调节,而且为书本学习创造了经验、灵感和素材。

总之,我们应力戒 8 + 1 ＜ 8,力求 8 － 1 ＞ 8。这是应有的效率观。

说到这里,我们也有必要给家长朋友们做个提示,那就是不要片面延长孩子的学习时间,不要片面认为孩子开心地玩、开心地看电视就是浪费时间。忽略了孩子的学习感受,忽略了学习效率,就容易陷入跟孩子之间的"时间争执"。一方面,孩子想要拿出一些时间做必要的休息;另一方面,家长要延长孩子的学习时间,在客观上就剥夺了孩子的休息与活动时间。家长在这个问题上如果不能够转变观念,就会陷入与孩子长期争执、对峙的怪圈。

不会学习的,用每一分钟去学习;会学习的,用好学习的每一分钟。

◎ 精细观察　学思结合

❉ 精细观察

有的人，视力良好，却对周围事物视而不见、熟视无睹；有的人，尽管高度近视，却能明察秋毫。二者的差别，在于观察力不同。

观察要用眼睛，但眼睛不过是身体的一个零件，它服从大脑的支配。因而可以说，观察要用脑力，要用心计。

看不等于观察，有眼睛就能看。看，是眼睛的机能，是视觉信息的刺激与反映。观察则不同，它是目的性、选择性极强的智力活动，久而久之可形成观察习惯，日渐提高可形成观察能力。

在良好习惯的大厦里，观察习惯是基础；在学习能力的江河里，观察能力是源头。在智力活动中，观察是各种活动的起点。所以，我们需要有意识地开发自己的观察能力。

魏书生是当今中国杰出的教育改革家之一，也是坚守在第一线的语文教师，他的作文课在平淡中显出新奇。有一次，他给学生出了个作文题《我的同桌》，让同学们给自己的同桌进行肖像描写。主人公是平淡的，题目也是平淡的，很多人不以为然。结果，80%的人把自己的同桌写成了一个面目——浓眉大眼。老师指出这一问题后，同学们前后左右巡视一番，发现浓眉大眼者寥寥无几，彼此间会心地笑了。

魏书生的高明之处在于不失时机地引导学生观察。他要求学生详细观察后写第二遍、第三遍，有的写了四五遍，直至惟妙惟肖。

观察，观察，再观察，是魏书生指导学生作文取得成功的秘诀之一。

魏书生的这一举动令人深思，而一位化学家的"小实验"则耐人寻味。

这天，化学教授讲述了一个新的发现——尿是甜的。他说，尿这种东西，闻起来很臊，尝起来很甜。好比是臭豆腐，闻起来很臭，吃起来很香。

学生取来样品，教授当场表演。教授把手指蘸进去，而后又舔了一个指头，露出了甜甜的微笑。学生们看得清楚,觉得心里有底。坐在前排的先尝为快,但尝后龇牙咧嘴,不像教授那样从容。

教授沉静地说:"我蘸的是食指,舔的是拇指。"粗心的同学忽视了重要细节,于是实实在在地尝了尿的滋味。

科学发现便是这样,谁忽视了重要细节,谁就会丧失发现的机会。观察贵在精细,只有这样,才对得起那双明亮的眼睛,才能透过表面现象看到深层的实质。

❀ 学思结合

思考是什么呢?

在科学家看来,思考是打开知识之门的钥匙。爱因斯坦说:"仅仅死记硬背那些书本上可以翻到的东西,什么事件啦、人名啦等等,根本就不用上大学。我觉得,高等教育必须充分重视培养学生会思考和探索问题的本领。人们解决世界上的问题,靠的是大脑的思维和智慧,而不是照搬书本。"

在军事家看来,思考是先发制人的武器。拿破仑说:"我能够在别人猝不及防的情况下知道自己该说什么话和采取什么行动,这完全不是冥冥之中有什么天才对我突然的启示,而是我的思考对我的启示。"

在哲学家看来,思考是人与其他动物的本质区别。费尔巴哈讲得很刻薄,他认为:"不思考的人当然不是人。"

作家雨果说:"一个人在思考的时候,他并不是在闲着。"

物理学家卢瑟福说:"如果蜜蜂采蜜而不酿蜜,它将终生徒劳。"

有一次,卢瑟福问他的弟子:"早晨起来干什么?"

学生回答:"工作。"

"那么你白天干什么?"

"工作。"学生回答依旧。

"到了晚上呢?"卢瑟福接着问。

"还是工作。"

"那么,你在什么时间思考呢?"

对此,学生无言以对。这正是让卢瑟福所失望的。

工作像是采蜜,思考像是酿蜜。勤于思考的人,大脑中始终存在着持续不断的问题,经常陷入痛苦的思索,也经常体验到进步的愉悦。不思考的人,任知识之珠任意撒落,任命运之舟随风飘荡。

善于思考的人,可利用万事万物;不善于思考的人,再好的条件也将被闲置。

孔子认为,学而不思则罔,思而不学则殆。朱熹则希望,读而未晓则思,思而未晓则读。他们一致的主张就是学思结合。

学思结合,是基本的学习方法,也应该是基本的学习习惯。形成了这样的习惯,在学习中思考,在思考中学习,带着思考起床,带着思考进校,带着思考上课,带着思考复习,带着思考入睡,就能够因学思结合而受益终生。

有效的学习,就是一个又一个学与思紧密结合的轮回。

◎ 认识记忆 学会记忆

没有良好记忆的天才是不存在的。

作为学生,要想学得好,就离不开对知识的记忆。我们反对死记硬背,却提倡记忆。学会记忆,首先要认识记忆。

※ 记忆的条件

记忆不是凭空产生的,而是要依赖于一定的条件。为了探讨记忆的条件,让我们首先来了解一个心理学实验。

电影院里,正在播放一部很精彩的电影。当影片内容进入高潮时,播放突然中止,实验人员在心理学家的指导下开始了实验。

"先生,您知道两旁的座位上是男是女吗?"

"我是来看电影的,哪能知道那些?"

他们分别来到不同的观众面前。

实验很简单。要求是:被测试的观众眼睛向前瞅,不往两边看,而后回答坐在他(她)左侧的观众是男的还是女的。

你猜结果怎么样?百分之八十的人不知道!他们没记住。

为什么没记住呢?不是记忆力差,只是注意力集中在屏幕上,而不在座位的左右。

看来,注意很重要,注意是记忆的条件。下面的事例也说明了这一点。

美国总统林肯遇刺后,所有正直、善良的美国人都为之悲痛,艺术家们都以自己擅长的形式表达哀思,画家们则拿起自己的画笔。出人意料的是,画得最像的那位画家功力平淡,而且只见过林肯一次。

记者们为解开这个谜而去采访这位画家,画家回答说:"林肯是我心目中的偶像,是我心目中最了不起的民族英雄。我为能见到这样的伟人而感到三生有幸。因而,当我见到林肯时,他的形象就深深地刻在我的记忆里。林肯遇刺,我万分悲痛,我想只有把他画下来,贴在自己的床前……"

看来,这位画家能够记起林肯的形象,是因为见到林肯已成为他的渴求,是因为见面时的高度注意。

综上所述,我们不难归纳出结论:有效的记忆以高度的注意为基础。记忆的效果,不只是取决于记忆的遍数,更取决于求知欲。

※ 记忆的原则

记忆的原则有二:一是理解记忆,二是及时记忆。

理解是记忆的基础,是记忆的准备,因而要在理解上下大工夫。及时记忆则是对遗忘的最有效克制,这是先快后慢的遗忘规律给我们带来的启示。

以上两点,已在阐述学习规律的篇目中详细阐述,在此不再赘述。

※ 记忆的技巧

在高度注意、理解记忆、及时记忆的基础上,还应讲求记忆的技巧。通过使用技巧,可以收到超乎寻常的效果。记忆的技巧有很多,现择其易于掌握者列举如下。

1. 联想记忆法

就是对难以记忆的内容展开联想,想到它应该具有的意义,或"赋予"它本身未有的含义。如有人记马克思的生日"1818 年 5 月 5 日",就联想成"马克思一巴掌一巴掌地把资本家打得呜呜直哭"。这里的做法是,把"一八"联想成"一巴掌",把"五"联想成它的谐音"呜"。

2. 口诀记忆法

就是把零散的记忆内容编入口诀中,像是把一堆扣子串成串,这样零散的内容就不易散失了。李景龙当年参加公务员录用考试时,时间紧,任务重,却能面对众多学文科的考生从容不迫,力挫群雄,就是得益于那些自编的口诀。

3. 睡前记忆法

就是在入睡前躺在床上以"放电影"的形式进行回忆的方法。这一方法的好处,体现在三个方面。

(1)睡前复习当天功课,贵在及时。

(2)睡前夜深人静,外界干扰少,记忆效果好。

(3)闭目静思,思路连贯,减少体能的消耗。

当然,这一方法的最大优点是适用面广。因为我们天天睡觉,故此法可应用于每一天。坚持经常,必有益处。

在平庄矿务局高中,我向学生们推荐这一方法,校长杨云龙先生大加赞赏。原来,他的一名大学同学,该玩则玩,该睡则睡,学得却很好,就是得益于"睡前记忆法"。

平庄矿务局高中是当地颇有影响的学校。"睡前记忆法"得到该校校长的肯定后,我每次讲学,都把它当作重点推荐的方法。

这里说明一点,睡前"放电影"不是仅仅进行浅层次的重现,而是要进行深层次的思路回顾。遇到"卡壳"之处,要牢记在心,来日翻书翻笔记,或求师问友,弄个水落石出,这样才能达到应有的高度。

❉ 正视遗忘

对于遗忘,有些人不能正确看待,并由此产生了恐慌与自卑。之所以这样,是由于他们把遗忘看作记忆的对立面,以为两者水火不能相容。其实,这种想法是肤浅的与狭隘的。

心理学家认为,遗忘不是记忆的病症,而是记忆健康的条件。也就是说,遗忘与记忆共同组成一个信息的新陈代谢系统,只有必要的遗忘,才有可靠的记忆。那些令人烦恼的事情,应有意识地忘掉;那些琐碎的、无所谓的信息,也没有长期储存于大脑的必要,相反,应该像清理垃圾一样进行人为的清理。

总之,我们应该正视遗忘,应该把它看得像大小便一样正常。没有大小便,就没有健康的躯体;没有遗忘,就没有健康的记忆。只有遗忘,减轻记忆的心理负担,才有更好的记忆效果。

◎ 调动想象　展开翅膀

※ 学习需要想象

想象力是创造力的翅膀,没有想象力,就很难有创造力。

各科的学习都离不开想象,想象过程和注意、观察、思维、记忆等智力活动紧密地联系在一起,构成了完整的智力活动过程。

比如学习历史。人类历史是一部波澜壮阔的立体画卷,人类以文字符号的形式记载了这部历史。读书时,我们所看到的是文字表述的历史而不是历史本身。这就需要想象,想象人物,想象事件。经过想象,凝固在白纸上的黑字就会变成活动着的人和事,这样我们就便于去理解它、记忆它与描述它。

再比如学习地理。看到地球仪,你应该想象出地球本身,想象出它的江河湖海,想象出它的丘陵山川。看到地图,我们也应该想象出东西南北,想象出远近高低,想象出相对方位。同样,读到地理课本,我们也应该通过想象,把它阐述的内容进行"复原",把它恢复成固有的面貌。

"想象"一词本身的含义便是这样:"想"是回想、联想,是人的思维活动;"象"是大象,是一种客观存在的生命体。你的面前没有站着一头大象,却让你画出一头大象,你该怎么办呢? 你只能先想出一头象,然后再把它画出来。简单地说,就是先想象,后画象。

字是有表情的,句子是有感情的,文章是有温度的。某些同学学习困难,原因之一就是死记硬背,而不是把记忆活动跟观察、理解、想象等活动结合起来。比如,背《桂林山水甲天下》一文,如果是死记硬背,不但枯燥无味,而且效果不佳;如果能结合想象,你便能得到美的享受,就如同身临其境去桂林旅游,就能在享受中留下深深的记忆。

学物理也是这样。"物"是具体的物质、物体,"理"是道理,是概念和规律。抽象的"理"不能离开具体的"物"而孤立存在。不会学物理的同学,要么忽视了对实物的认真观察，要么忽视了合理想象，只是从书本到书本，从文字符号到文字符号。这样，即便是学到了一点"理"，由于没有相应的观察和想象做支撑，这有限的一点儿"理"也吊在空中半死不活。

鉴于如上分析，我们认为，学好物理以及化学、生物等自然科学，学好语文、外语、历史等人文学科，都应该发掘想象力，利用想象力，让思维展开想象的翅膀。

❀ 学会复原

想象力的功能之一是复原，即把文字符号复原成客观事物本身。这种复原很必要。读书时，如果没有文字意义的复原，那么文字本身就没有意义或基本没有意义。

例如，公安机关下令通缉张三，并在报纸上配发了张三的照片。作为公民，在配合公安机关提拿张三的过程中，我们应同时记忆张三这一名字和他的相貌特征，我们应该能够通过自己的想象，把"张三"两个字复原成他的具体形象。这样，在遇到犯罪嫌疑人张三时，才能识别他，协助公安机关提拿他。

同样，在各科学习中，我们都要通过想象，实现文字符号的复原——复原出文字所描述的事物本身。

❀ 学会超越

想象的第二个功能是超越现实。只有具备了超越现实的想象力，才能具有创造力。

人类曾有"嫦娥奔月"的想象，这种想象催发人的创造力，因而有了"阿波罗登月计划"，有了宇航员的太空行走，有了宇宙飞船的空中对接。

人类曾有"呼风唤雨"的想象。如今，人类虽不能"呼风"，但能够"唤雨"，人工降雨的创造首先来自想象力。

人类曾有"千里眼"、"顺风耳"的想象。如今，雷达技术使之化为现实，全球卫星定位系统则更高一筹。

超越现实的想象最初往往被视为荒诞不经，因而极容易受到世俗的压抑，人的创造力通常就是这样被泯灭的。为了发挥创造力，我们一定要保护好想象力，别怕荒诞，别怕离奇。

◎ 调控思维　凝聚力量

思维活动是整个智力活动的中心环节。没有良好的思维,注意、观察、记忆和想象便失去了价值。思维活动看不见摸不着,但它是客观存在的。

思维可以调控,它的支配者是自己而不是别人。如果能调控自己的思维,你便是一个聪明人,你的思维便能沿着健康的轨道走向很远。

我们认为,良好的思维应具备五个特性,即思维的条理性、批判性、灵活性、发散性和简约性。所谓调控思维,就是依据上述五个方面来评价自己、调控自己。

1. 思维需要条理性

所谓条理,就是持之有理,言之有据。没有依据的思维是站不住脚的。法官断案,要以事实为依据,以法律为准绳;医生治病,要以病症与药理为依据。那么,学生在解决问题的实践中又是依据什么呢? 它的依据有两点:一是问题情境下的事实,二是概念与规律。为了训练思维的条理性,我们应经常问一问,自己思维的依据是什么,思维的过程是否合理。

2. 思维需要批判性

所谓思维的批判性,就是善于从反面来看问题,提出质疑。兴国学校毕业生张海歌,以天津市河西区普通校第一名的成绩考取南开中学。张海歌同学的一大优点就是批判性强。上课时以至于课下,他都经常提出质疑,这就极大地提高了他的思维水平和思维质量。

3. 思维需要灵活性

在思维过程中,我们应随时判断延伸思路的可能性。如果某一思路不宜继续延伸,是个"死胡同",就应该及时地中止这一思路,放弃这一思路,这样才能通过新思维,找到解决问题的办法。适时地从思维的"死胡同"里自拔出来,另辟蹊径,这种思维的灵活性是通过调控才实现的。

4. 思维需要发散性

思维的发散性,其表现就是,解决问题的思路不止一条,而是呈发散状态。善于发散性地看问题,也就善于全方面地分析问题、解决问题。发散性地、全方位地看问题,能够使人把问题看得更深更透,从而做到举一反三,触类旁通。为了训练思维的发散性,我们应常问自己:解决这一问题还有没有别的办法,总共有几种方法? 发散的落脚点不在于多,而在于优选,优选的前提是比较。

5. 思维需要简约性

从甲地到乙地,路线可能有很多,其中两点之间的线段最短。思维也是这样,在解决问题的办法中,肯定有一种办法最简约,如同两点之间的线段。试图找到并能够找到解决问题的最简单方法,这是思维简洁性的表现。为了训练思维的简约性,我们应不断向自己发起挑战,在诸多方法中寻找最简单方法。

调控思维的过程也是一个训练思维的过程,它的效益在于提高自己的思维水平。在学生时期以至于在整个人生进程中,我们会遇到很多不曾遇到的新问题,只有思维水平提高了,才能不断地解决层出不穷的新问题。

当然,单纯的训练思维的过程是不存在的,它必须和知识学习结合在一起。学习时,千万别忘了这种"结合"。只顾学知识而淡化了思维训练,那么你学的知识就是派不上用场的死知识;只有把学知识和训练思维紧密地结合起来,才能活化知识,才能成为驾驭知识的主人,成为解决问题的强者。

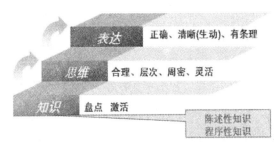

表达　正确、清晰(生动)、有条理
思维　合理、层次、周密、灵活
知识　盘点　激活
陈述性知识
程序性知识

在发展思维能力的过程中,可以参照斯腾伯格的"思维三元理论"(见下表):

思维模式	能力构成
分析性思维	演绎、归纳、判断、评价、联系、比较、对比、检验等
创造性思维	创造、发现、生成、想象、假设等
实用性思维	实践、使用、运用、实现等

三种"思维模式"显得相对抽象,可是在"能力构成"部分,那些描述思维活动的动词却是可以感受的。动词,描述了可以外显的行为。当我们去做那些事情的时候,就是在训练思维,就是在发展思维能力。

◎ 合理运筹时间

当今世界,空间贬值,时间增值。时间的价值被提升到前所未有的高度。在学者看来,时间就是知识;在企业家看来,时间就是财富。因此,精明的人们都是时间的"吝啬鬼"。

时间越是增值,越是需要计较,如同吝啬的商人对金钱采取的态度。这样久而久之,人们便找到了运筹时间的一般策略。

❋ 计划用时

提倡计划用时,首先是因为计划用时很必要。时间是构成生命的材料,计划用时才能节约用时,才能减少生命的浪费。有的人,只知道节约用水、节约用电,而不知道节约用时,就会在不知不觉中造成最大的浪费。

提倡计划用时,还因为计划用时很可行。有人以"计划跟不上变化"为由拒绝制订计划、执行计划,这是被动学习的表现。变化是由不可控因素造成的,但学生学习中的不可控因素不是很多,我们完全有可能在可控条件下制订可行的计划。

计划用时使人做事有条不紊,使人因学习的成功而充实。同学们不妨试试,制订自己的学期计划、月计划、日计划,并尽力执行,看看到底收效如何。

❋ 要事优先

要事优先,就是把重点内容放在优先的位置。

要事,是分量重,不是数量多。相反,既然是重点,那么它在数量上一定是少的,多了便不再是重点。

研究者证实,人们所做的事情,重点内容只占20%,却要消耗80%的精力。突破重点,意味着对重点问题在精力上的大消耗。突破了重点,就有了赖以发展的资本。反之,不抓重点,而是胡子眉毛一把抓,恐怕什么也抓不好。

美国一个伐木工人,被树木砸断了一条腿,腿被压在树下。此间,除了可供支配的电锯和他自己奄奄一息的生命外,没有外援。根据经验,若用锯截断木头,可能出现事故,难以逃生。于是,他断然截去了被砸断的腿,简单包扎后拄着拐杖脱离了险情。他的高明之处在于,当重点(生命)与非重点(砸断了的腿)

相冲突的时候,他能采取断然措施,割舍非重点,优先保证重点。

❀ **长短结合**

时间,本是一块延绵不断的"大布料",人类的活动把它分割成大小不等的"碎片"。在时间面前,我们每个人都是裁剪师,聪明的裁剪师就连"下脚料"也不放过,能够物尽其用;拙劣的裁剪师则不同,连大块的"布料"也被浪费掉。

长时间相当于"大布料",短时间相当于"小布料"。长短结合,就是把它们组合起来,各自派上用场。

阅读、写作与解题,要求思路连贯,不宜时断时续,应该安排在相对集中的较长时间。也就是说,这些事情适合"长线作战"。

与此不同,某些文科知识的记忆则不需要过于集中的时间。比如记单词,我们可以把它写在卡片上,在饭后茶余记,在公共汽车上记,在入睡之前记,完全没必要集中在几十分钟乃至一节课里。也就是说,这些事情可以"短线作战"。

宜长则长,宜短则短,这样才能够把属于自己的时间编织出最美丽的音符。

❀ **轮换交替**

在长时间里学习同一内容,大脑容易陷入疲劳。如果适时更换学习内容、更换学习方式,就会减轻疲劳感,这是由大脑机能的分工决定的。

让我们来看一个有趣的实验。科学家在较暗的屋子里揭开狗的脑壳,为防止感染,在被揭开的部分罩上玻璃罩。透过玻璃罩,他发现狗的大脑呈白色。而后打开灯,发现狗的大脑某一部位随之变红。又过一会儿,给狗吃一块肉,导致狗的大脑的另一部位变红,原来发红的部位变白了。

何以变红?变红是充血的表现,充血是兴奋的象征,发红的部位转移代表兴奋中心的转移。以上实验证实了狗的大脑分工之细密。

醉翁之意不在酒。我们介绍上述实验的落脚点不在于狗,而在于人。人是万物的主宰,最聪慧,大脑分工最细,我们大脑的不同部位,有的负责形象思维,有的负责逻辑思维,有的负责语言,有的负责书写……

适时地改换学习的内容、学习的方式,使大脑不同部位不同功能轮换交替地工作,这既是高效率的学习,也是高层次的休息。休息不仅仅是睡眠。马克思写《资

本论》时,疲劳了便改做数学题,就是这个道理。

✳ 复线运行

学习必须一心一意,来不得三心二意。

一心一意与一举两得、一举多得并不冲突,关键在于如何运作。同一举动,达到两种或两种以上结果,称为复线运行。

比如,衣服脏了,在学习累了的时候去洗,洗衣服这件事就有两种效果:一是洗了衣服,二是休息了大脑。这便是复线运行。

复线运行,使我们捡起了别人不屑一顾的时间。

✳ 手眼协同

在一心一意的前提下,要学会多种感官的协同工作。司机开车时,要眼观六路,手握方向盘,脚踩油门和制动阀。学习时,也需要培养这种协同能力。学英语时,边听边读边记边写;做实验时,边动手边观察边思考边记录;上课时,边倾听边思考边记录边质疑。所有这些,都是协同能力的表现,也可以称之为"一心多用"。

◎ 科学使用大脑

大脑是什么？它是神经中枢，是人自身活动的司令部，是各种信息的输入、加工、储存和输出系统，是学习活动凭借的主要条件。所以，科学的学习，它的一个侧面就是科学地使用大脑。

❋ 坐有坐相

提倡"坐有坐相"，这不仅是一个气质风度问题，而且是一个科学问题。平时，老师要求大家读书写字时，要头正、颈直、挺胸、拔背。有的同学做不到，坐到书桌前就缩成一团。久而久之，近视眼是其恶果之一，颈椎病是坐相不正的又一恶果。中医认为，通则不痛，痛则不通。颈椎的疼痛与麻木是因为大脑血液循环受阻，这样容易造成脑疲劳，而且容易出现头晕目眩等症状，势必影响学习。

把问题引申一步，就是大脑的营养问题。为维护大脑健康，应注意呼吸新鲜空气，应杜绝吸烟饮酒等不良习惯，纠正不进早餐、暴食暴饮等不利于大脑健康的行为。

❋ 张弛有度

大脑是世界上最复杂的一部机器。像任何简单的机器一样，它使用过度就会造成劳损，长期不用就会"生锈"。所以，使用大脑，既不能过于紧张，也不能过于松弛，而应该张弛有度。大凡有成就的人，在这方面都比较善于把握自己。

这里，让我们追溯一段往事，看一看英国前首相丘吉尔在二战期间是如何支配大脑活动的。

第二次世界大战中期，德国法西斯将战火烧到了英国，整个英伦三岛几乎天天遭到德国法西斯的狂轰滥炸，首都伦敦常常是一片火海。在这紧要关头，首相丘吉尔竟然在他的居住地织毛衣。某报记者以《战火纷飞，首

相织毛衣》为题披露了此事,世人哗然。

其实,身为首相的丘吉尔比任何人都心情沉重,在战争最艰苦的几年里,他一天只睡三四个小时。正是由于负担过重,精神经常处于高度紧张状态,他才利用仅有的一点时间坐下来织毛衣,以此来分散自己的注意力。他的工作与休息方式,应该对我们有所启迪,那就是:不但要学会集中注意力,还要学会分散注意力。

有张有弛,文武之道。我们学习也应该像丘吉尔指挥战争那样,采取"变压"的手段,"加压"以紧张,"减压"以松弛。

1. 课上加压 课间减压

前面讲过,上课是接受知识的主渠道,课上时间是发现知识、吸纳知识、学会思维、训练表达的黄金时间,因而课上要"加压"。课上不"加压",把希望寄托于课后的做法是本末倒置。至于怎样加压,可参阅本书中关于上课的论述。

课间是课堂的间隙,是上节课的终结,是下节课的准备。因而,课间时间应该以休息为主。课间的设置,正是让人"减压",以便能在下节课"加压"。调查发现,现在很多学校的学生在课间"坐着不动"。这样的状态既不利于智能发育,也不利于身体发育。

有的同学,课间不出教室,而是继续沉溺于上节课的问题之中,这样不利于注意力的转移,难以在下节课精力充沛。

课间减压的同时,还应为下节课做好必要的准备,即物质准备(书、笔记、笔以及其他文具等)与心理准备。

2. 平时加压 考前减压

平时的学习是耕耘,考试是学习成果的检验,是收获。

会学习的人,工夫下在平时,面对考试不慌不惧;不会学习的人,平时松松垮垮,考试前"临阵磨枪"。怎奈冰冻三尺,非一日之寒,临考前的突击终究无济于事。

考试前,尤其是大型考试前,已不是突击性猎取知识的日子,而是整理知识、调整身心的时候。

3. 学期加压 假期减压

一学年分为两个学期,之间伴随着寒、暑假两个假期。按其分工,两个学期应该"加压",用以集中学习;两个假期应该"减压",用以休息。会学习的人正是顺应这一节奏,在一学年里两次"加压",两次"减压",在富有节奏感的学习中获得较高的效率与成果。

不会学习的人则不然。他们不是在两个学期"加压",而是寄希望于寒暑假,这实在是莫大的错误。假期本身很短,又缺少学习的环境。试想,哪年的寒暑假里我们学到过更多的知识呢?

❊ 手脑并用

脑是人的智能活动的中枢,这个中心的活动不是孤立存在的,它要和其他感官协调工作。可以设想,给一个盲人讲颜色的五彩缤纷,给一个聋子讲音乐的悦耳动听,该是多么艰难、多么不可思议的事情。同样,给一个不曾玩过磁铁的人讲清同名磁极相斥、异名磁极相吸,几乎和建造空中楼阁的难度是相当的。

总之,人的大脑活动以触觉、味觉、听觉、视觉等直接知觉为基础。也就是说,人的认识过程总是由具体的、直接的感性认识上升到抽象的、间接的理性认识。违背这一规律,脱离实际问题、实际接触、实际经验,单纯地从概念到概念、从规律到规律来回演绎,把活生生的客观世界概念化、符号化,不利于脑潜能的开发。

所以,科学用脑,首先要科学用手。心灵者必手巧,手巧者必心灵。鉴于此,我们提倡小制作、小实验、小发明等一系列的动手活动。

❊ 耳听八方

长时间读书、解题,容易造成视觉神经疲劳。为了解决这一问题并提高效能,应注意视觉信息和听觉信息的相互交替,应注意发挥听觉功能。

外语的听力练习只能借助于听的手段而实现,这可以安排在读书疲劳时,安排在乘车时间,安排在进餐时,安排在入睡前。同样,也可以借助于上述时间收听新闻,收听科学知识,收听并欣赏音乐。借助于现代信息技术手段接受八面来风,是科学用脑的策略之一。

❊ 闭目养神

进入大脑的大量信息是从眼睛接受的,人们珍惜生命便珍惜自己的眼睛。

然而,信息不全是有益的,有的甚至是有害的干扰。所谓"眼不见心不烦"便是这个意思。人的眼皮是取舍视觉信息的一个"开关",克制干扰的手段便是关上这一"开关"——闭上自己的眼睛。这一做法还有一个好处,就是节制体能消耗,因而被称作"闭目养神"。在长途列车上,会支配时间的人,通常是睁着眼睛看书,闭着眼睛坐车,此时瞑目者就是在"闭目养神"。

"闭目养神"的落脚点是"养神",因而又被称作"精神充电法"。当你感到精力

不足时,不妨闭目养神。当然,即使在平时,闭目养神也有益而无害。

✳ 静能生慧

现代技术研究证实,人在心情平静时,脑电波平稳,思维水平高;相反,人在心绪紊乱时,脑电波也随之紊乱,此时的思维水平随之降低。心绪的平静竟然如此重要,我们可以把这个现象称为"静能生慧"。

这一规律,早在很久以前就已经被人们所认识了。

三国时期,徐庶曾经以其杰出的军事指挥才能扭转了刘备的被动局面。曹操获悉后,把徐庶的母亲接到营中,并以徐母的名义命徐庶投奔自己。徐庶接到信后准备赶赴曹营,刘备执意挽留,徐庶心乱如麻。此时,徐庶对刘备说:"方寸之地已乱,留下来又能做什么呢?"他说的"方寸之地"指的是心脏,当时人们误以为思维的器官是心脏。徐庶的一席话告诉我们,即使是足智多谋的人,只要心情不平静也难以产生智慧。

徐庶的继任者诸葛亮持有相同的观点,他也特别重视心静,强调"静以修身,俭以养德",阐述"静能生慧"、"宁静致远"的观点。

"静"对于脑潜能开发如此重要,所以我们应该学会练"静功",在成功时保持冷静,在失败时鼓起勇气,在逆境中化解怨恨,在挫折中遗忘不快。

篇尾小结 本篇所述的技巧绝非无病呻吟,而是有的放矢,具体分析了学习过程中各个环节的基本要求及其技巧所在。

寻求技巧不等于投机取巧。我们所述的技巧是平中之奇,着眼于基本要求,着力于基本功,这是立足点、出发点。投机取巧则不然,片面追求奇特,如同无源之水、无本之木。

谁投机取巧,谁就要吃大亏。

谁寻求技巧,谁就能事半功倍。

应该养成的学习习惯

开篇引言 习惯是个"恒劲"，是巨大的能量。良好的习惯促使人沿着健康的轨道长驱直入。

意识到习惯的重要性，我们便渴望了解哪些是应有的好习惯。下面所介绍的，正是一些应该养成的良好习惯。

良好的习惯是持久的驱动力。在学习谋略的"杠杆模型"中，良好习惯是必不可少的动力之一。

◎ 形成规律

"贵在恒,何必三更眠五更起;最无益,只怕一日曝十日寒。"多少年来,人们研究学习中的得与失,总结出这样的教训。这句话告诉人们,学习是持久战,是终身的事情,绝不是一朝一夕的速决战,因此不能搞突击,而要形成学习规律,做到持之以恒。

无节制地拼体力、拼消耗,这种学习在农村、在城市都不罕见。

李景龙曾在内蒙古赤峰市的某些学校巡回宣讲"中学生学习应注意的若干问题",在松山区岗子乡曾听说过这样的事情:那些寄宿生在校的学习几乎是夜以继日,夜晚教室里竟然出现"不熄的灯光"。晚睡的学生刚刚离开教室,早起的学生已来到这里继续学习。这种学习精神固然让人肃然起敬,然而这种做法毕竟不科学。且不说那些成长之中的青少年学生,即使是成年人也经不住那样的"折磨"。

在天津、北京工作期间,也接触到这样的现象,学生中打消耗战、片面拼时间的现象同样存在,有的初中生竟然拼到夜间十一点多乃至凌晨一两点。连起码的休息都不能保障,还能保证高效地学习吗?

列宁早就说过,要想会学习,首先要会休息。足够的睡眠便是休息的方式之一。

学习需要勤奋,但勤奋不等于三更睡五更起。相反,打乱生活节奏,片面地与睡眠争时间,乃是对身心的糟蹋,也是对学习活动的不负责任。

下面的实验有趣而且说明问题。

健康状况完全相同的两条狗,一只被禁食,五天之内没被饿死;另一只因干扰不得睡眠,第五天竟然因困乏而死。

悲哉!困乏竟然能够使它在短时间内断送生命。此实验以鲜活的事实证明,睡眠是生命活动不可缺少的组成部分,其作用不亚于饮食。

进一步讲,睡眠不仅是个时间的总量问题,还涉及起止时刻的确定问题。同样是睡眠八小时,今天八点起床,明天五点起床,这样就没有规律。如果天天坚持五点起床,这样久而久之,就能在五点钟准时醒来,起床以后才能出现清醒与高效。

睡眠是这样,饮食也是这样。饮食有节,起居有常,便形成了节奏,形成了规律。做到这些,内在生物钟的力量便得以迸发;反之,生物钟的力量便被耗散了。

与此相类似的研究,在生产领域也有过。资本主义发育初期,资本家获取工人劳动所创造的剩余财富,主要是通过片面延长工人劳动时间来实现的,后来则主要依靠科技进步,依靠提高劳动效率。管理专家泰勒研究休息方式跟劳动效率的关系,得出的结论是"间歇性休息比集中休息更能提高劳动效率"。

学习活动也是这样,为提高学习效率,我们应学会间歇性休息。课间是两节课的间歇,中午是上下午的间歇,周末是一周的间歇。该休息时就休息,该学习时就学习,形成规律,才能最大限度地提高学业成绩。

◎ 整洁有序

生活用品与学习用品,若能够整洁有序地排布,使用的时候迅速找到,将给我们节约大量的时间。

比如,科普作家叶永烈就是这样做的。他家住北京,有一次,他在广州搞创作,所需的资料存放在家里。面对这种情况,很多人只有两种选择:要么赴京查找资料,要么中止创作。而叶永烈则不然,他给家里打去长途电话,并明确指出:"书在书架的第三栏,放在从左向右数第五本的位置。"

家里人在他所指的位置找到了那本书,并把所查内容通过电话告诉了他。这样,叶永烈很顺利地完成了创作。这位大学者能清晰地记起哪本书放在哪里,足以令人惊奇。实际上,这种整洁有序的习惯恰恰是他成为大学者的内在因素之一。

我们做学生的,谁也没有叶永烈先生那么多的书,但是这极其有限的书、本、笔等,有时却排布得很杂乱。老师来上课了,有的学生才开始找书、本、笔,这样一耽误就是几分钟。

几分钟算得了什么? 有人可能这样想。

其实,所耽误的几分钟恰恰是一节课的开头。开头误了,一节课很难上好。

一旦形成杂乱无章的坏习惯,问题就严重了。因为,它影响的将不仅仅是一两节课、一两门学科,而是波及到任何学科、任何时候;这不仅仅是耽误了时间,还打扰了本应该平静如水的心绪。

把书、本、笔等摆放在确定的位置,放的时候留心,取的时候就能顺手。由此,节约的时间将是大量的、可观的。

无序和低效形影相随,有序和高效相伴而生。有序是广泛的——思维有序、言谈有序、书写有序、做事有序、科研有序,这些都是有序,而这些有序又是彼此关联的、互相促进的、相得益彰的。下面的这一事例就说明了这个问题。

南开中学的一名毕业生后来成长为中国科学院院士,这标志着他已成长为中国科学界顶尖级水平的科学家。有一次,他应邀回到母校。这位科学家兴致勃勃地来到初一年级的一个班,与这些小师弟、小师妹们促膝谈心。一位女同学鼓起勇气问起这样一个问题:"我们刚上初一,学习进程刚刚开始;而您是一流的科学家,研究的是高新技术。您觉得,和我们在一起这样交流思想,是件很值得的事吗?"

这位科学家没有正面回答,他讲起了高科技研究与幼儿园教育之间的关系。他说:"我能取得这样的成就,最该感谢的不是大学时期的老师,而是幼儿园时期的老师。读幼儿园时,老师给我的最大影响就是有序。老师要求我们,文具盒放在书桌右上角。在文具盒里,经常使用的文具靠近身体一侧。书包里,哪本书靠近哪本书放置,也是固定不变的。这种早期的有序训练使我受益终生。因为,有序学习、有序做事、有序思考才能有序研究,这和幼儿园期间的训练是一致的,是这种有序的训练使我在科学的道路上走得更远些。"

这位科学家的事例与我们周边的人和事并不矛盾。观察我们的班级,大家不难发现学习成绩的好坏和学习行为有序程度之间的关系。凡是学得好的同学,很少因忘了带学具、书本或因学具、书本杂乱无序而影响学习。相反,那些学得不好的同学却常常因学具与书本的丢、忘、乱而影响学习。上数学不带数学书,上物理不带物理书,对于某些学困生来说是家常便饭。杂乱无序是造成学习困难的原因之一,若长期杂乱无序,则学困的局面就很难得到摆脱。

◎ 专心致志

一个学有所长的学生在国际物理奥林匹克竞赛中获奖了,邻里为之刮目,记者们也纷至沓来。一位记者来采访孩子的父母,追寻教子的成功经验,却遇上了孩子的阿姨。这位阿姨讲了这样一个孩子童年的故事。

还是在孩子很小的时候,她来到孩子家里做客。刚进门,家长的第一句话是:"小声点儿,孩子正专心玩呢!"

孩子在玩什么呢? 这位好奇的阿姨在门缝儿一看,原来孩子在玩积木。孩子专心地堆放着积木,犹入无人之境。

当年以积木为伴的孩子,如今是物理奥林匹克竞赛的获奖者,两者之间有什么联系呢?

二者本身没有直接联系。因为,玩积木的孩子多如牛毛,而在物理国际奥赛中获奖的却寥若晨星。是专心致志的好习惯把二者联系起来。这里的连锁关系是:专心致志地玩儿→养成专心致志的习惯→在学习上专心致志→在学习上出类拔萃。

听了这段故事,我们每个人都会受到一些启发。笔者的启发在于:做什么事都需要专心。

平时,人们只讲专心学习,却不讲或很少讲专心玩耍、专心吃饭、专心睡觉、专心走路、专心听话、专心说话、专心观察……。现在看来,我们以往的看法是片面的。试想,别的事情做起来都不专心,学习起来能专心吗?

上面的例子对于家长教育孩子颇有借鉴意义。自从明白了上述道理,我们便注意让孩子专心地做每一件事:要专心看电视,做到不随意换台,不带小动作;要专心吃饭,专心睡觉,做到"食不言、寝不语"。

有人说,高层次的学习活动就像是考古工作,你关注着什么,心里经常想着什么,你就会发现什么。在专心学习的过程中,我们一方面要调整好自己的专注程度,另一方面也要调整好关注的内容。知识、思维与表达,是我们需要关注的内容,同时我们还需要关注所学习内容中的智慧因素、人文修养因素。

一个大学教授,他可能富有人文知识,但是他未必有人文修养;一个清洁工,她可能有人文修养,但未必有人文知识。当知识转化为能力、转化为修养的时候,它才能为自己的发展、为社会的发展注入正能量。

一个人可能富有知识,可是他未必有智慧。在专心学习的过程中,智慧因素也应该成为关注的角度之一。关注智慧,可以让我们成为一个"有文化的人"。文化是智慧的土壤,智慧是文化的精髓。在专心学习的过程中,关注智慧,才能智慧学习,学得智慧。

专心学习,还需要注意环境的营造。整洁的物理环境,和谐的人际环境,平静的心理环境,是专心学习的必要基础。

为了学习的成功,还是坚持不懈地培养专心致志的好习惯吧!

◎ 管住自己

人的眼睛长得向外凸起,这似乎给了它一种先天的本能,那就是用它去观察别人、观察外界。观察中,总有人爱看别人的短处,爱看世事的不平。于是,在指责、批评和抱怨别人,并试图改变别人的过程中,反倒忽视了改变自己、管理自己。

这种现象,在小学和初中阶段都有发生。课堂上,老师讲课兴致正浓,一名同学站起来检举说:"老师,他上课说话。"其实,这句话本身就是不该说的话。有的则指控别人上课走神。其实,只有他自己走神,才能发现别人走神。到头来,别人的做法并不因自己的这些举动而改变,师生的教与学却由此而受到冲击。

这并不是说不可以管别人,但如果给管别人和管自己排个顺序的话,那么第一重要的是管住自己。只有管住自己,增长知识,增长才干,练就一身真本领,提高了自己的威信,才增加了改变别人的可能性。否则,一个腹无点墨、手无缚鸡之力的人,一切想法都会落空。

管住自己并不是一件容易的事情,它要求战胜自己的惰性与随意性。所以,管住自己就是自己战胜自己,就是战胜自己的不良习惯。这并不是很多人都很情愿的、持之以恒的。因而,杰出的人少,俗气的人多。

管住自己,应把希望寄托在环境条件改变之前,而不是环境条件改变之后,不能怨天尤人。这样,我们便增强了对于环境的适应性,我们便能抓住现在,而不至于空耗时日。

人人都管住自己,教室里便增添了宁静,走廊里便减少了喧哗。如果别人做不到,而你自己做到了,闹中尚且能够入静,难道这不是一种高度超越的境界吗?

人可以改变坏习惯,绝对不能让坏习惯支配人。管住自己,便是对自己不良习惯的挑战与征服。

◎ 张开你的嘴

幸哉！由于生物的进化，使得人类所拥有的一张嘴达到如此先进的水平，它可以借助语言完整准确地表达思想，这是其他任何动物不能比拟的。因此，我们应该珍惜自己的嘴，用好自己的嘴，该说话时且说话。

语言是思维的载体，是思想的外在表达形式。借助于语言，可以表达成熟的或不成熟的看法，可以阐发疑问，可以交流情感……当我们把语言用到这种场合的时候，它是有用的。这时候，就要打开语言的阀门，说自己该说的话，准确地说，完整地说，妥善地说。

不该说的时候乱说，这是可悲的；该说的时候不敢说、不能说、不会说，也同样可悲——尤其是在充满合作与竞争的年代里。敢说需要勇气，会说需要能力。可见，说话不但需要控制，还需要训练。训练，才能提高内在素养，进而提高说话质量。

课堂教学是训练说话的重要阵地之一，这种训练是在教师的指导之下进行的，是最该珍惜的训练机会。鉴于此，我们有必要鼓起课上发言的勇气，积极思维，组织语言。思维是语言的源泉，语言是思维的助推器。或者说，语言是思维的外壳，思维是语言的内核。要想说得出，必先想得到；要想说得透彻，必先想得深入；要想说得有条理，必先想得清晰。

张嘴说话需要勇气，但切忌鲁莽。无论是在日常交往中，还是在学习过程中，都要养成先听后说的习惯。听是信息的输入，是学习的手段，因而要耐心地倾听。经验告诉人们，善说者通常也善于听，听和说是一致的，而不是互相冲突的。

张开嘴，不可出言不逊。粗俗的语言是伤人害己的利剑，而文明的语言则是架起友谊的桥梁。

在本文就要结束的时候，我们还要强调一点，就是张嘴说话时，不但要阐述，要

交流,还要学会复述。所谓复述,就是把书本上的内容重新说出来,把老师讲过的内容讲出来,这是一种很重要的学习方法。最近,我们正在给学生杨朋辅导功课,我们的做法就是把讲过的内容由他再讲一到两遍,直至讲清楚为止;或是让他自己先把对于知识的理解讲出来,出现问题我们做出纠正。这种做法,杨朋感到受益匪浅。他说,原来别的老师做辅导,都是老师讲学生听,自己会不会也没有一个反馈的机会。现在好了,他把问题暴露出来,老师帮助及时纠正,练习的针对性很强,所以收效很好。

杨朋正在体验着张嘴学习的快乐。

动笔是张嘴的变式。在学会张嘴的同时,还要学会动笔;在善于张嘴的同时,还要善于动笔。孔子早就说过:"言而无文,行之不远。"如果说,口头的语言是飘动的、气态的,那么书面的语言就是稳定的、固态的。

"微写作"是一种重要的写作形式,是一种重要的写作训练。在发表谈话的时候,可以先写出发言提纲,这个过程就是"微写作";在发短信的时候,我们可以把文字写得考究些、文雅些,这个过程就是"微写作";看到优美的语段,我们可以仿写其修辞、格式,可以仿照其意境,这个过程就是"微写作"。

读写结合的学习方式,无论是"以读促写",还是"以写促读",都可以丰富我们的精神世界,都可以提升说话的内在品质。

说话和写文章的道理是一致的。写文章,要有读者意识,要清楚为什么写,写给谁;说话,要有听众意识,要清楚为什么说,说什么,说给谁。说话和写文章都要避免"对牛弹琴"。感知对方,调整自己,才能在相互交流中有效互动、产生共鸣。

◎ 闭上你的嘴

悲哉！人每天说了多少废话，人的一生又说了多少废话。所谓废话，就是没有用的话、无益的话。有时，无益的话就是有害的话。废话就是这样一种有害无益的话。

废话的害处之一，在于害人。按照信息论的观点看，废话也是一种信息，它同样能振动人的耳膜，刺激人的大脑，只不过这种振动与刺激是有害的，它给人带来的是身体的不适、情绪的不安，带来的是学习与工作效率的低下。废话是一种噪声，它污染人的心境，妨碍人的思维。

废话的害处之二，在于害己。烦人者必招人厌烦，说废话是一件极其败坏自身形象的事情，这对于入职、结缘、创业与发展极其不利。废话是多余的闲话，而"闲话"通常与"闲事"、"闲思"联系在一起。爱说闲话的人，不定向的"闲思"多，无规则的"闲事"多，这种人由于自控能力差，容易沦为"闲人"——多余的人。

正是由于说废话是一件害人又害己的坏事，因而追求上进的人总是竭尽全力控制自己的废话。他们给自己的嘴设置了一道开关，这道开关装在大脑的神经里。这样，该闭嘴时且闭嘴，才能确保张嘴的时候掷地有声，才能把该考虑的问题考虑得更深刻，才能把该做的事情做得更好，才能一天天地、一步步地向理想的目标趋近。反之，连自己的嘴都管不住的人，他还能干成什么呢？

鉴于此，我们的建议是，要养成先听后说、多听少说、先思后说、敏于事而慎于言的习惯，从而使得自己把话语说得妥，说得精。这样，该闭嘴时缄默不语，该张嘴时才能出语惊人。

◎ 克服懒散慢

一些同学学习成效不佳，原因之一是学习中存在着种种"疾病"。懒病、散病和慢病是学习疾病中的三大顽症。要想学习好，就要与懒散慢进行长期的艰苦的斗争。

学习需要学习者良好的学习品质，或者叫学习素养。所谓品质，它相当于产品的性能品牌；所谓素养，它是一种贯穿始终的修养。作为学习者，他第一需要的"性能品牌"（或者叫素养）就是勤奋。

勤奋能补偿智能的不足，经验的说法是："勤能补拙是良训，一分汗水一分才。"

勤奋是收获的前提和基础。对此，形象的说法是："一分耕耘，一分收获。"

勤奋是连接成功的通道。因为，勤奋是追求成功的必要准备，而成功总是垂青有准备的头脑。

古今中外凡是有成就者无不勤奋敬业。崇尚勤奋没有行业区别、地区区别和国别。即使是宗教也诱导人们勤奋学习、勤奋工作。鉴于上述思考，我们认为把勤奋列为学习品质中的第一张"王牌"是不过分的。

与此对应，懒惰是学习成功的第一大敌。如同任何行业都存在假冒伪劣一样，学生学习也存在"假冒学习"和"劣质学习"。这种以假充真、以次充好的学习，其病源就是"懒惰"。梁启超指出"百善勤为首，万恶惰为先"，也是在强调勤奋的重要。

"假冒学习"有两种表现：一是不学装学，二是抄袭作弊。两者都类似于电路中的"短路"。人无压力一身轻。这种无负载的运行看起来轻飘飘，但这种轻飘飘本身就是一个危险的信号。电源的短路会引起火灾，而学习上的"短路"也必然造成学习者的"自焚"。

"劣质学习"也有两种表现：一是被动应付，如同被动旋转的陀螺；二是只学答不学问，做考生不做学生。

以上讲的是"懒病"，下面再讲"散病"。

学习不同于写散文，散是要不得的。学习上的"散病"表现有三：一是形散神不散，虽然精神能放能收，但形散能催发神散；二是神散形不散，身在曹营心在汉；三是形神兼散，散得不可收拾。

"散病"的病根是懒，懒生散，懒散的并发症是慢。脑懒则不思，表现为脑慢；手懒则不记、不写，表现为手慢；嘴懒则不问，表现为嘴慢。慢，说到底还是一个精神的集中程度问题,当凶手拿刀子逼近你的近前时,你会比凶手跑得更快,那是因为精神的集中使"快"战胜了"慢"。

在自身懒惰与勤奋、散乱与集中、缓慢与快捷的较量中,有的人成为优等生,有的人成为学困生。从某种角度可以这样说,懒散慢既是学困生的表现,也是学困生的成因。从发展的角度看,战胜懒散慢,学困生便可以摆脱困境;如果让懒散慢战胜了它的对立面,就会陷入学习的困境。因此,我们每个人都应该下大力气克服懒散慢。

在当今这样一个快速发展的社会,行动迟缓者就会被甩在时代的后头。人们形象地说:"现在,不是大鱼吃小鱼,而是快鱼吃慢鱼。"提升学习的速度与质量,是时代发展的必然要求。

提升学习的速度,首先要提升阅读的速度。在信息时代,我们面临三大挑战:一是信息的无限对人生有限的阅读时间的挑战,二是呈几何级数增长的知识对低效阅读的挑战,三是数量大、增长快的知识、信息对于阅读方法的挑战。高效阅读,是应对挑战的有效渠道。就个人来说,"以快治慢"也是克服懒散慢的有效方式。

◎ 相对完整

本文所述的做法主要适用于自主支配的时间。

学习时间大体可以分为两类：一是教师指导支配的时间，如上课时间；二是自主支配的时间，如自习时间、放假时间。

在教师指导下学习，教师处于支配地位，学生处于被支配地位。在被支配时，有规可循，有矩可蹈，易于形成依赖感。在自主支配的时间，学生站在主人位置，对时间进行支配。被支配惯了的人们，一旦被放在支配地位，往往茫然不知所措。如同习惯于笼养的小鸟，一旦得以放飞，不知道何处栖息、何处觅食。

支配自由的时间，最通俗的做法是列个时间表。比如，8:00～9:40学语文，10:00～11:40学数学，其余时间依此类推，这便是制订计划的常规做法。

这种常规做法存在着重时间、轻效率的问题。比如，8:00～9:00学习语文，我们不妨问一问：

（1）学什么内容？

（2）学多少？学到什么程度？

（3）遗留的问题怎么办？

仔细想来，这三个环节都可能出问题：

（1）学什么内容，通常不是经过分析轻重缓急后精选出来的，而是随意提取的，或是老牛赶山式排下来的，具有相当的盲目性。说到底，内容选择是无计划的。

（2）学多少，学到什么程度，不是取决于事前的取舍，而是取决于时间的多少，具有明显的无计划性。

（3）对遗留的问题，通常采取淡漠的态度，而不是穷追不舍、讨出结论。因为，在订计划时就根本没考虑"遗留问题怎么办"。

上述订计划的做法，只重视了所用时间的多少，忽视了这段时间的实际收效。这是计划之中的"无计划现象"，实际上相当于没计划。

乌申斯基对上述做法有过精辟的分析，并形象地描述为："一个赶着车但未曾把货捆结实的醉酒的车夫，他不是往后面看，只是往前赶，赶回家的是一辆空车，反而夸耀他走了很长的路程。"

订计划不应该以时间为核心,而应该以内容为核心。要研究自己最该做什么(内容选择)、在什么时间做(时间落实)、怎样做好(方法研究)、做到什么程度(标准研究)。具体做法是这样的:

(1)罗列。把有待解决的问题罗列下来。

(2)筛选。在罗列的内容中筛选出重点的、优先着手的内容,并切合实际地规定出完成任务的大体时间(未必十分准确)。

(3)攻坚。纳入计划的内容要克服困难去完成,不达目的誓不罢休,直至求得结果。

这样,凡事或者不做,做起来必求结果,有始有终,便是相对完整(不是不了了之)。正如一位名人所说:"学到很多东西的诀窍,就是一下子不要学很多东西。"

对此,本书的两位作者深有体会。教学之初,不懂教研,四面出击,同时关注很多问题,结果半年也弄不清一个。后来,学会了选择研究课题(选择有价值、自己擅长的),或者三个月,或者两个月,揪住一个问题不放,研究必求深入,深入必求成章,成章后力求发表。这样,短短几年内,发了几十篇教学论文。有此结果,贵在得法,贵在相对完整的研究习惯。

读师范大学时,我们曾期望到年迈时能留下几篇发表的文章,作为自己劳作的记号。由于学会了相对完整的研究方法,使得少年壮志早日化为现实,并且远远超出了自己曾经预想的高度。愿同学们以此为鉴。愿辛勤耕耘者培养相对完整的学习习惯,并由此学有所获。

不仅在自主支配的时间里应该这样,在课上学习也应该这样,有始有终,善始善终,力争把该落实的内容落实,把该弄清的内容弄清。

◎ 日清周结

❄ 日日清　日日轻

所谓日日清,就是每天都对当天的学习内容进行一次清理,争取当天完成当天的学习任务。这与"学习原则"中讲到的"同步原则"是一致的。

学生在学校学习,犹如工人在流水线上作业,其进度快慢主要的不是取决于自己,而是取决于外在的共同要求。一旦在哪一个环节出现闪失,就将陷入一系列的被动之中。

学习的欠账是学习之债,是知识链条的断裂。知识是完整的链条,在某一环节出现欠账,其影响都不仅局限于这一环节本身。可以说,学习之债是"高利贷",这种"高利贷"压得人喘不过气来。谁背上学习的"高利贷",谁就陷入恶性循环,陷入被动局面。因此,学习的一个基本要求就是日日清,当天的事情当天完成。

从某一天看,当天完成当天的学习任务,不留死角,让人累了点。但从长远看,没有知识的欠账,每天的学习才是轻松的。由此我们说,日日清理,才能日日轻松。由日日清引发的日日轻松是良性循环的显著标志。做到日日清,才能有日日轻松的好感觉,才能面对挑战游刃有余。

❄ 周末大扫除

日日清是应该的,也是很难做到的。我们每天都难免有遗留问题存在。对于遗留问题,我们建议在周末弄个水落石出。通俗地讲,这叫"周末大扫除"。

对于学习欠账,我们建议把住两关:第一关是当天这一关,第二关是周末这一关。第一关叫"日清",第二关叫"周结"。

对于"周结"的提法,我们说明两点:

（1）"周结"的必要性。会计记账要"日清月结"，这一点不适用于学习。每学期只有大约四个月的时间，若以月为单位清理欠账，那么学习的欠账将堆成山。由此可见，学习内容的大清理还是以周为单位更合适。

（2）"周结"的可能性。五天工作制的实施，使得每个周都有两天休息时间。在这两天里，尽管有很多同学要上补课班（其实补课班可以少上或不上），但是只要把剩余的时间支配好了，就完全有可能了结本周的遗留问题。周末是个追赶的机会，也是超越的机会，会不会支配周末，势必拉大广大同学在学习上的差距。

❀ 环环清　堂堂清

如果说"日日清"和"周末大扫除"是后续的补偿性措施，那么"环环清"和"堂堂清"就是有效的前置性、保障性措施。课堂上，每个教学环节的达标，是提升效率、减轻负担的最根本保证。"环环清"是"堂堂清"的基础条件。做到"环环清"，除了学生的努力与配合之外，还需要教师在教学设计上做出优化。

篇尾小结　习惯是"惯性"的表现，是不自觉的、不需强制的行为。随地吐痰是坏习惯，实施这一行为时，他意识不到其中的不卫生、不文明。好习惯是"好惯性"。实施好习惯时，同样不需自觉，不需强制。

然而，建立好习惯却需要自觉，需要强制。好习惯难以形成，好习惯需要培养。

本篇列举了学习过程中举足轻重的好习惯。希望同学们自觉地、强制地建立这些习惯，从而通过长期的努力，把这些转化为不需自觉的、不需强制的行为。

从自觉培养到不自觉地实施，从强制形成到不强制地顺应，这个过程就是建立好习惯进而应用好习惯的过程。

走出心理误区

开篇引言　学习过程是一个心理活动过程。因此，只有走出心理误区，才能走出学习的误区。如果把学习比作一个系统，并且形象地把它比作"杠杆模型"，那么，心理误区就是影响杠杆转动的"赘物"。只有走出心理误区，我们才能用较小的"学习投入"，取得更多的"学习产出"。

◎ 调整心理因素

人才素质由身体素质、文化素质、思想道德素质以及心理素质四个要素组成。其中,身体素质是基础,文化素质是核心,思想道德素质是主导,心理素质是自身潜力能否得以最大限度发挥的关键。思想道德素质差是危险品,文化素质差是残次品,而心理素质差则是易碎品。

当今社会竞争加剧,节奏加快,人与人的沟通减少,竞争的加剧增强了人们的孤独感。现代人在享受前所未有的现代文明的同时,也在承受着前所未有的心理压力。中学生也无一例外地面对着竞争与挑战。为此,只有调整好自己的心理,走出心理误区,才能轻装上阵,信心十足地投入到学习活动中。

调整心理的前提是调整自己的认知,进而对自身、对周围事物形成正确的认识。

心理学家做过这样的实验。把健康状况完全相同的两只羊分别圈在两个羊圈内。其中,一只羊独立生活,另一只羊的圈内拴有一只狼。狼性难改,张牙舞爪,随时要吃掉羊。这只羊唯恐被狼吃掉,惶恐不可终日。结果,它生病了,过早地死去,而独立生活的那一只羊则健康如初。

"我要吃掉你!"

"唉,早晚的事"

死去的那只羊是被吓死的,狼的存在并不影响羊的生存,但羊对此产生了错觉,以为狼随时会咬死它,由此产生了"心病",并由心病诱发了生理疾病。狼有铁链加身,羊本可以"高枕无忧",是心理障碍害了它。

人比羊更容易产生心理障碍,因为人是万物之精灵,在生活中始终伴随着观察、判断和思考。判断难免失误,思考难免偏差。聪明人比愚笨的人更有可能发生心理障碍,因为他思考更复杂。排除心理障碍,走出心理误区,确保心理健康,是合理调整学习,塑造和谐完美人生的先决条件。

◎ 迷茫使人空虚

对于缺乏目标的航船,任何一种风向都可能是逆风。人生是一次没有路标的远征,只有选定目标并且能够在进程之中避开暗礁、乘风破浪才有希望达到成功的彼岸。长时期地处于迷惑与茫然状态,无异于浪费人生。

※ 迷茫症状(问题与危害)

人之所以区别于其他动物,是因为他能够依据判断确立目标,并围绕目标做出坚持不懈的努力,进而创造和谐美好的人生。简言之,人具有主观能动性,能够调控自己的行为。人能够实现调控,但调控能力彼此不同,迷茫者的调控能力处于较低级的状态。具体表现在以下三个方面。

1. 漫无目标,听之任之

不是做专心酿蜜的蜜蜂,始终如一,而是做花丛中漫游的蝴蝶,朝三暮四;不是做命运的主宰,而是做命运的奴隶,任凭命运之舟随风飘荡。谈及学业与事业,其口头禅常常是"看情况再说"。人们做事当然要看情况,见机行事,随遇而安。然而,迷茫者却不能很好地回答"看情况"的问题。看什么情况? 遇到何种情况做何处理? 如此等等,不得而知。这是在"如何对待自己"这个问题上的迷茫。

某一年暑假,河北省石家庄市的三名高中生试图放弃学业,用四年时间徒步周游世界。热情的人问道:"遇到一望无际的沙漠怎么办,在森林中迷失方向怎么办,遇到豺狼虎豹怎么办……"他们的回答是:"看情况,随机应变。"需要知道,在沙漠、在森林中的随机应变比想象的应对要复杂了许多。实际上,他们对于如何选择前进方向,对于如何把周游世界变成现实,都处于迷茫状态。

2. "神化"偶像,"鬼化"异己

本来,伟大和平凡不是互相对立的,而是互相包含的。伟大中有平凡,平凡中有伟大,从这个意义上看,人就是人,他既不是神,也不是鬼,这样的看法才趋于实际。有的人则不然,对自己崇拜的人予以"神化",对自己看不惯的人予以"鬼化"。面对被自己"神化"的人望尘莫及,使自己陷入迷茫;面对被自己"鬼化"的人无能为力,同样使自己陷入迷茫。这是在"如何对待别人"这个问题上的迷茫。

3. 悔恨过去,忧虑未来

悔恨过去,但过去不因悔恨而修正;忧虑未来,但未来不因忧虑而美好。人能抓住的,而且仅仅能抓住的只有现在。聪明者能够抓住现在,迷茫者却在悔恨与忧

虑中把时间付诸东流,这是在"如何对待时间"这个问题上的迷茫。

对人生迷茫,便出现停滞、徘徊与彷徨。学业迷茫,学业便如同一叶迷失方向的小舟,即使不住地前行,也难以达到理想的彼岸。迷茫容易导致庸俗,因为不知前景为何物的人,只能当一天和尚撞一天钟。摆脱迷茫才能摆脱庸俗。摆脱对学业的迷茫,才能摆脱无所作为的无所适从、无计可施的境况。

在人的一生中,迷茫总会间歇性地出现。学会不断地从迷茫中解脱出来,才能优秀做人、成功做事、幸福生活。

※ 迷茫探源(问题分析)

造成迷茫的因素有两点:一是外部的客观因素,二是人自身的主观因素。从外部因素看,伴随着改革的深化与新旧体制的转换,我们所接触的外部世界呈现出如下特点。

1. 社会面貌复杂化

20 世纪 70 年代,一位英国女记者来到中国,看到大街上人们那黑蓝两色的单一"服饰",她感到中国"很可怕"。20 世纪 90 年代,这位记者再次来到中国,看到人们五彩缤纷的衣着,她发现"中国变了,变化太快了"。如同衣着的变化,社会面貌也变化得复杂多样,致使人眼花缭乱,有时甚至找不到前进方向。

2. 人们的价值取向多元化,行为模式多样化

有人崇尚知识,有人崇尚金钱,有人崇尚地位;有人追求享受,有人情愿在贫瘠的土地上耕耘;有人仰慕国外,有人眷恋祖国。面对多种多样的价值取向与行为模式,一些人不知道何处是鲜花,何处是陷阱,不知道何去何从。

从主观因素看,知识的匮乏、社会经验的欠缺是造成迷茫的重要原因。客观世界的纷繁复杂与主观世界的单纯肤浅构成强烈的反差,更加剧了某些人的困惑与迷茫。从根本上讲,摆脱迷茫要靠提高自身的认识水平。

※ 摆脱迷茫(改进建议)

1. 早思考 —— 学会与自己沟通

并不是所有的人都能够和自己沟通,所以有的人日新月异,有的人裹足不前。这里,我们把思考定义为"和自己的沟通",就是希望同学们时刻保持前进道路上的清醒。迷路的时候,要擦亮自己的眼睛;迷茫的时候,要开动自己的大脑。思考,是通向坦途的必经之路,而早思考、勤思考的价值在于把握了青春。

2. 多读书,读好书 —— 学会与历史沟通

思而不学则殆,外界的知识与信息是我们思索过程中必备的营养。我们百思不得其解的若干问题,乃至不曾发现的问题,前人可能早就已经找到了答案,并体现于用心血写成的著作中。书是千百年来人类智慧的结晶,但也夹杂着杂质。择书如同择友,书海茫茫,我们只能选择对自己有益的书并把它视为益友。反之,那些淫秽、武打、言情的书刊及音像制品,非但不能给我们有益的启迪,反而极其有害,我们应该学会与之隔绝。

读好书与拒绝坏书是一致的。好书把人引入天堂,坏书则把人带到地狱。有则寓言,说天堂和地狱都在做广告。天堂的广告画面,门前是一群乞丐;地狱的广告画面,为华贵的门庭、典雅的业主。某君看完广告,不假思索地来到了地狱。刚刚来到地狱,那里的人们就要把他放进油锅。某君奋力反抗,大惑不解:"广告上说的不是很好吗?"那里的人说:"不说得好些,你愿意来吗?"奋力挣脱后,他赶赴那看似平淡的天堂。天堂里的生活比广告上说的要好得多。某君再次大惑不解:"本来挺好的,为什么说成那个样子呢?"天堂里的人说:"这里名额已满,再来的人多了,生态环境、生活环境怎能保持?"

对比中,某君知道了什么叫地狱:地狱之所以叫作地狱,就是因为地狱之门充满了诱惑。试想,那些把人变坏的网络不就是这样充满诱惑吗?

让大地不长杂草的最好办法是种上庄稼,拒绝坏书的最好办法就是读好书。

3. 听人劝——学会与他人沟通

当一个人走向歧途或陷入迷茫时,别人的善意交流、理性剖析是独立思考和读书所不能替代的。

"听君一席话,胜读十年书",说的是沟通中拨云见日的启迪力量。"听人劝,吃饱饭",说的是善意劝说的滋补力量。我们应该学会与他人沟通。在现代社会,沟通已经是一种素养,一种必备的素养。在成长期间,与我们沟通最多的通常是父母、老师,他们劝

说我们立志向上,劝说我们惜时守信,劝说我们少走弯路。简短的劝说,可能融汇了他们几十年的风雨沧桑。借鉴劝告,就避免了他们走过的弯路。反之,把他们的劝说当儿戏,就很难捷足先登。避开师长用岁月和经验搭建的阶梯,学生就很难超过老师,儿女就很难超越父辈。

完全听别人的话,俯首帖耳,不假思索,便丧失了自己;一概不听别人的话,闭目塞听,也不能塑造完美的自己。对于别人的善意劝告,深入思考,从谏如流,是我们应该采取的态度。

◎ 厌学使人落后

❋ 厌学症状（问题与危害）

厌学心理是影响学习的又一心理误区，是必须切除的癌细胞。厌学，就是打心眼里厌烦学习。对于厌学者，知识的传授似乎是"信息的干扰"。为防止干扰，他已经筑起了心理上的屏障。对于厌学者，学习方法的指导等于对牛弹琴。人家根本就不想学，你却要向人家介绍学习的方法，岂不是自讨没趣吗？

由此可以推断，就学习方法而论学习方法，是头痛医头、脚痛医脚的方法，到头来既不能治标，更不能治本，这正是本书所反对的方法。教育专家研究证实，学习动力、学习方法、学习成绩互相关联，互为因果。这正是本书环顾左右而言他（方法以外的内容）的理论依据。

厌学有害。因为，学习是对于几千年以来人类文明成果的继承，它使得我们经过短期的努力就站到了巨人的肩膀上，它使得我们由一个未经开化的自然人转化为一个机智灵活的智慧人，成为一个开明通达的社会人，它使得我们昂首挺胸迎接社会的竞争与发展的挑战。而一旦厌烦学习，就拒绝了这一切。不学习就落伍，直至走向灭亡。无数事实证明，学习型的公民、学习型的家庭、学习型的团体、学习型的政党、学习型的民族、学习型的国家充满希望。为此，我们应该寻找厌学的症结所在，进而找到妥善的解决办法。

❋ 厌学归因（内外因分析）

1. 由于自身因素而导致的厌学

学习动力、学习方法、学习成绩是影响学习的内在因素。我们有必要对自己进行这三个方面的透视。

（1）学习动力强吗

就好比是机车的发动机已经坏死，好比是心脏停止了跳动。相反，当一个人把自身的学习与自身的价值联系在一起,把自身的价值与社会价值统一在一起的时候,他就会产生强大的学习动力,进而表现出强烈的求知欲,就会以苦为乐,乐此不疲。青少年时期的毛泽东,在忧患中学习,深知"天下大事学为先",因而他能够到闹市中读书,到风雨中沐浴。12岁的周恩来,不仅说出了"为中华之崛起而读书"的豪言壮语,更主要的是把这一远大理想付诸扎扎实实的学习行动之中。一系列事例告诉我们,只有具备了对国家、对自己、对家庭负责的责任心,并转化为扎实有效的学习实践,才能为学习注入持久的动力。

(2)学习方法好吗

方法是达到目的的途径与手段。学习的成功好比是登堂入室,走正门比爬窗户省时省力,但是有的人因为找不到正门不得不爬窗户。他们不曾"入门",在蹩脚的"门槛"上跳来跳去,在虚拟的"门"前久久驻足,久而久之则产生了厌倦。

(3)学习成绩有望提高吗

学习上有两种循环:一是恶性循环,二是良性循环。二者都不难,难的是从恶性循环向良性循环的转化。如果长时间不能实现这一转化,就可能滋生厌学情绪。为此,追求点滴进步、珍惜点滴进步非常必要。

2. 由于身心压力过重而导致的厌学

学生课业负担过重,有教育外部的原因,也有教育内部的原因。就教育外部的原因看,主要是招生制度改革不配套、就业竞争加剧;就教育内部看,主要是教育观念陈旧、教学方法陈旧导致学生负担过重。沉重而乏味的教学、单调而紧张的家庭生活是新时期学生厌学的原因之一。

浙江大学建筑系的一名学生,在中小学时就有几十项发明。这样一个卓有成就的"发明家",在中学时代竟然是"不受欢迎的人"。他发明的"采访用麦克风"给记者们带来了方便,他发明的"盲人专用指南针"解除了盲人辨别方向时的痛苦。老师们不管这些,往往"唯分数是问"。有一次,他的母亲被请到学校,竟然同时有7位老师"会诊"、谈心。这位学生的"耐压性能"还算可以,经过后期的奋斗,终于考取了著名的浙江大学。通常情况下,面对这种重压,屡战屡败,屡败屡战,不厌学才怪呢!

所以,解决学生厌学的问题,是一个系统工程,应该由很多方面做出努力,包括学校教育与家庭教育的改善。

3. 由于社会因素导致的厌学:"读书无用"的思潮冲击

(1)第一次读书无用论:"知识越多越反动"

这次读书无用论的冲击,开始于20世纪60年代中期,前后持续约10年时间。"文革"期间,一些知识分子受到不应有的冲击,给那个时代也给整个社会造成了巨大的创伤。因而,在相当长的一个时期内形成了"知识越多越反动"的错误思潮,风行"读书无用",贻误了一代青年。当时,一批早日识破迷雾者坚持学习,把握了人生的主动权。

(2)第二次读书无用论:"因经济因素造成的知识越多越贫穷"

这次读书无用论发生在20世纪80年代后期至90年代初期。社会主义市场经济之初,旧体制尚未彻底打破,新体制尚未完全确立。在这样一种特定的历史时期,脑力劳动与体力劳动收入倒挂、分配不公等现象相伴而生。于是,"知识越多越贫穷"的思潮开始充斥人们的头脑,这是新的"读书无用论"得以蔓延的社会基础。

"知识越多越贫穷"曾经是一个时期的特殊现象。可喜的是,随着改革开放引发的沧桑巨变,随着全球经济一体化的进程,随着新技术革命的蓬勃兴起,知识经济正在悄然走进我们的生活。这就意味着"知识越多越贫穷"的年代将化作历史。

(3)第三次读书无用论:因多种因素造成的"知识不能用"

进入21世纪以后,前两次"读书无用论"的影响已经荡涤一空。在新时期出现了一个新的现象,那就是,伴随着大众化高等教育走进我们的生活,大学生已经不再是社会的稀缺资源,大学生找不到工作也让人不足为奇。所以,一种新的"读书无用论"出现了,它的要点是:读书,读不到"顶尖级"就没用。实际上,目前就业难,问题之一就是很多人只知道就业而不知道创业。另外,我国长期以来视学术为正宗,视技术为旁门左道,也在客观上造成了在技工领域有事情没人干的局面。这些观念,都应该发生改变,改变一个落后的观念,就拓宽了一条学习的出路。

◎ 自卑使人懦弱

❋ 自卑症状（问题与危害）

与"卑"字相关的词汇，诸如卑贱、卑下与卑微等，无不与低下、渺小的意思相交织。所谓自卑，就是把自己看得低下而渺小。

一句掷地有声、耐人寻味的话，本来想说而不敢说，那是自卑；一件想做而且能够做好的事，本来想做、该做而不敢做，那也是自卑。自卑不可怕，可怕的是不能从自卑的状态下自拔。自卑使人懦弱。一个人自己都不相信自己的力量与能量，别人就很难相信你的力量与能量。

自卑现象常见与多发，尤其常见于那些学习成绩偏一般的学生中间。有人群的地方，就有自卑之人；人生在世，也总有自卑的时候。克服自卑，是一个普遍的问题，也是一个永恒的话题。

自卑之所以普遍，是因为它与差别同在，而差别是普遍的。有人群的地方就有差别，如同鱼群之中的个体有大、中、小之分。

一位科学家把同一品种的鱼子同时投放在一个水池中。过些日子，一群鱼在这里繁衍生息。随着时间的延伸，彼此间的差异也日趋明显。科学家按照由小到大的顺序，把它们分为 A、B、C 三个组。过了一些日子，每一个小组又接着分化……。就这样，分组后鱼群逐渐变小，但无论怎么小，差别也总是有的。

人群也是这样，始终充满差异。哪怕只有两个人，差别也是有的——在品格、智能、体能、劳动能力等方面。差别的存在，为自卑创造了潜在的可能性。抛开相互间的比较，就同一个人而言，哪怕是此人整体上很强势，也有他相对弱势的某些方面，或是相对弱势的某些阶段。自卑是心灵深处的一道可怕的阴影，只有消除它，才能战胜自己，超越别人。

❋ 自卑的起因（问题分析）

外因（即客观存在的相互差别）是导致自卑的外部条件，内因（即主观上的自我错觉、自我放弃）是导致自卑的内在根据。分析自卑，克服自卑，首先应该从自己的主观上查找原因。

自卑的原因之一，就是人为地夸大了自己与别人之间的差距。马克思曾说过："一个搬运夫与一个哲学家之间的原始差距，比一只家犬与一只猎犬之间的原始差

距要小得多。"这话同样适合于我们所在的人群。

自卑的原因之二,则在于自我放弃。有的人客观地评价了自己,没有夸大自己与别人之间的差距,但并不努力缩小这种差距,表现出自我放弃,这也在事实上催发了自卑的产生。在人生和学业、事业的道路上,不进则退,久而久之,在别人面前自愧不如的心态自然生长,这是导致自卑的又一个诱因。

❋ 走出自卑的误区(改进建议)

自卑是自我评价、自我追求过程中的误区,走出这个误区,才能挖掘自身潜力,向自身的极限挑战。为了克服自卑,以下三个要素缺一不可:一是跃跃欲试的好胜心态,二是可望可即的追求目标,三是踏踏实实的成果积累。

1. 跃跃欲试的好胜心态

争强好胜就是不服输,这一点很宝贵。运动会上,如果你对冠军佩服得五体投地,你就当不上冠军。反之,在鲁迅先生的笔下,不服输的精神乃是难能可贵的民族精神。他说:"在看运动会的时候,我常常这样想,那些虽然跑在后面而又坚持跑到终点的人,以及那些看着他们仍然保持庄严肃穆的观众,乃是未来中国的栋梁。"看来,在冠军面前,只有坚信"彼可取而代之",你才可能成为冠军。

自卑是好胜心态的反面,是地地道道的服输,而且是夸大差距基础上的服输。走出自卑的误区,首先就要坚信一点——自己不比别人差。需要说明的是,这种自信不是由于心血来潮,而是基于客观实际——你真的不比别人差。著名心理学家罗森塔尔就曾经以无可辩驳的实验证明了这一点。

罗森塔尔是美国哈佛大学心理学教授。一天,他来到美国一所小学,从一年级到六年级各抽取三个班,开展"预测未来发展的测验"。测验以后,心理学家罗森塔尔并没有宣布什么,而是把一份"最佳发展前途者"名单悄悄地交给了教师们,并告诉有关教师说,这些学生"智力超群"或"智力成熟",他们具有优异发展的可能性。由于罗森塔尔是著名的心理学家,在预测学生发展方面颇具威望,于是,老师们也就在心里默认了这些"大有培养前途的学生"。与此同时,罗森塔尔嘱咐老师们,名单要保密,只准教师自己知道,千万不能传给学生,否则可能影响测验的有效性和可靠性。老师们答应了。

一个学期过后,这位心理学家切切实实地做了一次实验,结果表明,名单上的儿童(包括原来成绩很差的学生)智力发展都达到了较高的水平,跨越的幅度超过其他儿童,而且个个神情活泼,充满幸福感。老师们认为,提供的名单是正确的。其实,第一次所谓的"实验"根本就没有测算什么数据,那些名单只不过是从学生名册上随意抽取的一些名字,包括成绩排在后面的学生。

心理学家的"谎言"竟然在实验中得到了应验,这是为什么呢?原来,老师们出于对罗森塔尔先生的崇拜,对名单上的学生给以特别的关心、体贴与鼓励,对他们学习中的不足给予宽容和谅解。这些学生感受到激励的力量,信心十足,于是进步很快。

罗森塔尔教授通过上述实验证实了两点:其一,教师的情感投入影响学生的成长;其二,学生之间的先天差别并不大。读到这,我们的读者可以在字缝里读出门道。这个门道就是:自己不比别人差。

2. 可望可即的追求目标

不比别人差,不等于一口就能吃成个胖子。忽略了这一点,急于求成,好高骛远,就走向了另一个可怕的极端。可见,建立可望可即的追求目标尤其重要。

在长跑的竞技场上,由最后的名次"一跃"而成为第一的可能性很小,而最实际的目标则是超越前面的那个人。这样一个一个地超越,可望可即,才使得进步更实际。

学习是一次"长跑"。在这次长跑中,最好的办法就是:盯住前一名,超越前一名。教育家魏书生教育学生时,一贯采用这一做法,也一贯很有效。

盯住前面一名,超越前面一名,是可望可即的目标。

3. 踏踏实实的成果积累

克服自卑的过程,就是建立自信的过程。自信不是生来具有的,而是在学习和实践中,由于一次次的成功而逐步树立起来的。简言之,自信来自积累。

本书作者之一李景龙也曾一度自卑过,如今这种自卑已化作历史。

李景龙是新中国成立后33年中(1949—1982年)村子里考出的第一个大学生,这一鲜活的数字足以证实其家乡的闭塞与落后。10岁时走出大山,竟意外地发现山外有山,而且层层叠叠,为此颇感惊奇。

19岁时,到都市攻读大学。虽然是以同样的分数录取的,但与城里的孩子相比,综合素质的差异客观上造成心理的懦弱与自卑。

如同任何曾经自卑和正在自卑的人一样,谁都有过缩小差距,力图在现实中崛起的抗争,只是有的人在抗争中泯灭,有的人在抗争中崛起。

李景龙为发展一技之长,曾经在闲暇之时"磨自己的笔尖"。然而,由于水平所限,投向大报纸的一篇篇稿件如同石沉大海,而首次发表在《内蒙古师大校报》的那篇短消息却燃起了通往写作之路的星星之火,尽管那只是区区百字,区区5毛钱的"稿费"。

百字虽少,却是铅字;5毛钱不多,却是稿费。小额稿费包含着小小的成功,令人感到成功的喜悦。以后,踏踏实实地学习、工作与写作,认认真真地对待每一篇文稿,由此提高了研究素质与写作水平,为后来发表几十篇学术论文,出版各种学习辅导书奠定了坚实的基础。这一系列的奋斗历程证实了一个道理:自信在于积累。

克服自卑的最有效手段,就是把眼前的事情做好,哪怕这件事很小很小。这正应验了科学家贝尔纳的一句话:"当你体验到成功的愉悦时,兴趣和爱好便油然而生。"同样,当我们通过扎扎实实的努力而获得成功时,自信心也就油然而生。

◎ 自负使人孤傲

※ 自负现象（问题与危害）

"负"是正的反面。所谓自负,就是狂傲自大,就是自以为是,就是与正确的方向背道而驰。

大凡自负者都有几分长处,或者是有几分优势,他们错就错在对自己的优势与长处评价过高。少数成绩突出者容易出现这个问题,有的成绩不佳感觉良好的学生也容易出现这个问题。

自负是评价自己的一种不当定位。在人生的坐标轴上,唯有自信不偏不倚,自卑与自负都偏离了自信,走向了它的反面。自卑是自己设置的枷锁,自负是自己设置的陷阱,唯有自信是前进征程的灯塔。

自负使人孤独、傲慢。然而,人并不因为自身孤独傲慢而变得卓尔不群,相反却成为"孤家寡人",使得优势变为劣势。

※ 自负起因（问题分析）

自负来源于对自己不切实际的过高的评价。这样的评价体现在实际行动上,常常使人付出巨大的代价。

进入高一那年,李景龙在首次期中考试获得了班级的第二名。然而,不恰当的心理定位使得那般好景如同昙花一现。问题首先出现在数学科。数学老师在某大学刚刚毕业,她是被选送的"工农兵大学生",所接受的教育不是很正规,基本知识、基本工夫不是很过硬。课堂上,她有时被"挂"在黑板上,脸涨得通红。一时间,有的同学瞧不起这位老师,并且厌恶老师,李景龙也加入了这些学生的行列。

"数学老师并不比我强",这种想法成为班内很多同学的共同想法。可想而知,这样的想法萦绕在脑际,数学成绩会以怎样的速度下滑。

数学在退步,这本身并不可怕,可怕的是精神风貌在退步。这种影响不只是体现在一个学科,而是波及到理化以及文科课程。

在老师面前的不谦虚,在知识面前的不谦虚,最终要付出沉重的代价。别的实力相当的同学保持谦虚,第一年就考入了大学,自己则由于自负而延迟到第二年。这是怎样的代价!诗人柳青先生说:"人生的道路虽然很漫长,但是重要的只有那么几步,尤其是在他年轻的时候。"看来,伴随着成长,人需要时时刻刻认识自己。

心灵成长的标志之一,在于反思自己的失误与不足。几年以后,读完师范大学走上中学讲台,李景龙才真正领悟出"学高为师、身正为范",知道自己当年远不如数学老师。此时此地,悔恨自己当年不该夜郎自大,但流逝的岁月却不因为悔恨而复返。

人啊,切不可孤傲自负,而应该以责人之心责己,以敬畏之心待人。心有所畏,行有所止;心有所耻,行有所廉。当一个人消除成见并虚怀若谷的时候,他可以包容世界。

※ 取长补短(改进建议)

在充满竞争与合作的社会里,任何人都不可能过"世外桃源"的真空生活,也不会因为孤傲自负、孤芳自赏而提高身价,唯有不断学习、取长补短,才能在竞争中保持长盛不衰的态势。取长补短,是学会学习、学会生存、学会发展的明智策略。

有的人,专门爱挑别人的毛病,找人家的短处,与此同时也不遗余力地欣赏自己的成绩与辉煌。到头来,别人不因为他的挑剔而毁灭,自己却因为自我欣赏而裹足不前。给这种人画一幅画像,那就是:东张西望挑剔别人,原地踏步拴住自己。

另一种人则完全不同。他们眼睛向内,注重练就内功。在学业上,他们深知学如逆水行舟,不进则退。他们竭尽全力,用生命里的每一分钟,去实现自己心中的梦想,他们是大智者。对于大智者来说,取长补短已经不再是外在的要求,而是自己内在的驱动。

◎ 自满使人停滞

※ 自我满足表现(问题危害)

1."小康型"自满

学习成绩居于上等,受到老师重视,受到同学羡慕,学习相对轻松。于是飘飘然,学习压力不大,学习动力不足。

2."温饱型"自满

学习成绩居于中等,比上不足,比下有余。在学习的比较上,眼睛向上的时候少,眼睛向下的时候多,知足常乐。

3."饥饿型"自满

学习成绩偏下,但由于学习期望值更低,因而跟较低的期望值相比较也能够自满自足。其具体表现是,以不知为知,以知之不深为知之甚深,略知一二就高呼"万岁",很少以不知足的心态求教于别人。

尽管自满者的表现形形色色,但最终的危害却殊途同归,即由于自满而导致学习的停滞。学习的敌人是自我的满足,自满者必然是学习战场的失败者,他们因为不能战胜自我而失败。

※ 一孔之见(问题分析)

之所以出现上述种种自满,是因为某些学习者并不知道学习的意义,因而满足于那些狭窄的比较。

那么,学习的意义究竟何在呢? 它的意义在于维系着生存与发展,对于个人是这样,对于民族是这样,对于国家也是这样。

对于个人来说,我们生活在一个机器排挤人的高科技时代。技术含量的增加将导致某些操作岗位的减少,而高科技的创新岗位则是求贤若渴。简言之,我们生活在一个缺人才而不是缺人口的年代。有一年,天津市河东区招收 108 名道路管理人员,由于技术含量不高,在半天时间里竟然有 2000 多人报名应聘,使得竞争的比例达到了20:1。这说明,有人没事做。

与此同时,摩托罗拉等著名公司长期招聘技术人员与管理人员。这说明,有事没人做。想起这些身边的事情,想起科技进步之快,社会发展之快,我们还有理由自满吗?

对于国家来说,尽管我国经过了建国以后六十多年的发展,尤其是改革开放三十多年的迅猛发展,但是我国仍然是世界上最大的发展中国家。没有几代人的奋发努力,就没有中华民族的伟大复兴。为此,几代国家领导人都多次号召我们"学习、学习、再学习",一针见血地揭示了学习精神、学习风气与民族复兴的必然联系。想到这一神圣使命,我们还有资格自我满足吗?

❈ 学会比较(改进建议)

比先进,见贤思齐。所谓贤者,就是有德才的人;所谓见贤思齐,指的是见到有德才的人就向他看齐。与贤者比较,才能消除自满,才能产生不知满足的进取心。我们的导师郑秉㳇先生就是这样一位贤者。郑秉㳇先生早年毕业于北京大学,之后,他矢志于教育事业并乐此不疲。他曾经担任天津市河西区教育局局长、南开大学校长助理等职,官至副厅级。1984年,他辞去党内外一切职务,投身于教育经验的总结与教育理论的研究。1984年、1985年两年中,他自学了教育科学的22门分支学科,记卡片几万张。1986年,他选择新兴的学习科学作为主攻方向。同年,他以学习科学为指导创立学习教育实验学校——兴国学校。此后的9年间,他成功地领导了兴国学校的整体改革实验,靠科研兴校,主编、编著的著作超过百万字。与此同时,他和他的儿子为学校捐赠财物达到17万元。在那个年代,这笔钱能在天津市中心城区购置100m² 的房产。这是怎样的严谨治学,怎样的创业胆略,怎样的无私奉献!与这样的贤者比较,笔者深感望尘莫及。在与贤者的比较中,自满自足、沾沾自喜之心就得以荡涤。

谁因为小范围的比较而自满,谁就会在未来的竞争中自惭形秽;谁在知识面前不知满足地摄取,谁就能在不断学习、不断自我更新的进程中幸福快乐。乔布斯"求知若饥,虚心若愚",正是说出了这样的道理。

◎ 自扰使人平庸

❀ 自扰种种(病症与危害)

天下本无事,庸人自扰之。自寻烦恼的自扰行为,使人平庸,使人不能超凡脱俗。自扰的表现至少有以下几点。

1. 恐惧症

恐惧学习,恐惧提问,恐惧考试,恐惧开家长会。恐惧是影响人心智发挥的大敌之一。有的人,在大型考试中头晕目眩,以至于身体发抖,就是这种表现。

2. 浮躁病

心浮气躁,身在曹营心在汉;神不守舍,案头有书实却无。这不仅是现代学生的学习通病之一,也是现代成人学习、工作的通病之一。

3. 遐思病

回忆往昔,想起顺心的事儿就陶醉不已,想起不顺心的事儿就不能自拔。展望未来,自以为前程似锦,误以为好梦成真。这种遐思,不是展开了继往开来的两只翅膀,而是担起了昨天与明天两副重担。长此以往,便在昨天与明天之间的遐思中打发了一个又一个时日,落得"竹篮打水一场空"。

上述种种,都属于庸人自扰。

❀ 走出自扰的误区(疗法建议)

1. 置名利于度外,克服学习恐惧

乾隆皇帝下江南,看见运河上舟楫往来,不绝如缕,顾问左右:"他们在忙些什么?"和珅侍卫在侧,答曰:"无非名利二字。"和珅的答话概括了世态万象之端倪,也为我们指出了破解自扰之渠道。

《菜根谭》上讲过这样的话:看破名利者,可得小休息;看破生死者,可得大休息。的确,从浩瀚的宇宙看我们自己的肌体,我们何等渺小!从历史的长河看我们的一生,那又是何等短暂!站在这样的角度看待生死,甚至生死都是平淡的事情一桩

了。如果能够把生死看得如此平淡，那么名利也就能够置之度外了。

北京市一名年仅17岁的中学生张穆然因患癌症而离开人世。然而，她那坚强乐观的精神却因中央电视台的传播而震撼了人们的心灵。她几次化疗，几次手术，却仍以顽强的毅力生活和学习。在她的身上，有着众多的健康人都不曾有的健康的精神风貌。她笑口常开，以至于老师、同学以及病友都难以相信她身患绝症。17岁的生命并不长，但她活出了生命的质量，延续了生命的音响和光华。

试想，无论是做人做事，还是学习与生活，如果能够达到张穆然这般境界，或是只达到十分之一乃至百分之一，那还有什么值得惧怕，有什么值得忧思的呢？

2. "同一时刻只能漏出一粒沙子"

面对患有浮躁病的人群，卡耐基开出了一剂良方。他打了一个比方，把人生比作一个一次只能露出一粒沙子的漏斗，把要做的事情比作从漏斗中漏出的沙粒。他说，谁想在同一时刻漏出很多沙粒，谁就使得沙粒一点也漏不出。在同一时间里，学习也是这样，您若期待着学得好，就别想一口吃成个胖子，就应该专心致志地做一件事，做好一件事再做另一件事，这样便在有条不紊的实践中医治了浮躁。

3. "把时光封闭在现在"

面对现在和将来两副重担，卡耐基为我们设计了绝美的"列车"。他设想这一列车是封闭式的，我们置身其中。它从哪里来，我们不知道；它向哪里去，我们也不知道。"现在"被封闭了，它与过去隔绝，也与将来隔绝，时光就停留在现在。可以设想，谁能把自己置身于这样一个"全封闭"的车厢里，向现在要效益，谁的学习效率就会提高几倍。

当然，抓住现在的时光，做好现在的事情，这并不是"只知低头拉车，不知抬头看路"。

◎ 嫉妒使人消瘦

✻ 嫉妒使人"消瘦"（病症表现）

这是一个耐人寻味的传说，叫作《天堂和地狱》。据说，有一个天真烂漫的孩子不知天堂和地狱为何物，便去请教一位哲学家。哲学家把孩子领到一个很大很深的池子旁，小孩看到，池子旁坐着一群瘦骨嶙峋的老者，老人们用很长很长的勺子在池子中舀汤（营养液）喝，以此维持生命。哲学家告诉孩子：这便是地狱。

紧接着，孩子又跟着哲学家来到另一个地方，同样的池子，同样的营养液，同样的勺子，所不同的在于人。池子旁舀汤喝的老者们，个个红光满面、神采飞扬，如同神仙一般。哲学家说，这里是天堂。

同样的池子，同样的营养液，同属于自然界的自然人，但生活在天堂与地狱里的人的生存状态形成天壤之别，原因何在呢？

原来，地狱里的人老死不相往来，自己舀汤自己喝，费力费时，营养不足，精神疲惫。天堂则相反，人们舀汤给对面的人喝，省时又省力，营养充分，身体健康。更重要的是，天堂里那种"人人为我，我为人人"的人际关系使人精神愉悦。

地狱充满自私，天堂充满友爱。

恶性的嫉妒发源于极端化的自私，而极端化的自私则通往地狱之门。摆脱了恶性的嫉妒，便走出地狱。我们不喜欢"地狱"里的学习与生活，而"天堂"却是我们自己创造的。

❋ "消瘦"之谜（病因分析）

培根说,嫉妒之心永远不休息,它最顽强、最持久,因而它最令人消瘦。《圣经》中把嫉妒称为"凶眼",意思是嫉妒能把凶险发射到眼光所到之处。

嫉妒使人消瘦,是因为它本身是一种"癌细胞"。嫉妒的表现有很多。比如,因为无德而嫉妒有德者,因自己的某种缺陷而嫉妒健全完整的人,因灾难与不幸而嫉妒幸福愉悦的人,因近亲、同事或一起长大的人被提升而心态失衡……总之,嫉妒的共同点是幸其灾,乐其祸;恨人有,笑人无。

嫉妒,是因别人的状态比自己好而产生的憎恨。

恨与恨不同,嫉妒与嫉妒不同。有的人恨自己,找自己的差距,于是出现了比、学、赶、帮、超。这种恨是一种嫉妒,它是良性的,它使"癌细胞"丧失了生命。有的人恨别人,而不是诊断自己,于是伤害别人——语言的伤害、行为的伤害、明的伤害、暗的伤害。这也是一种嫉妒,它是恶性的(这正是通常所说的"嫉妒"),它使"癌细胞"任意扩散。

台湾作家柏杨研究发现,美国人的嫉妒以良性者居多,嫉妒别人,便想方设法超越别人;中国人的嫉妒以恶性者居多,嫉妒别人,便想方设法伤害别人。由此形成的现象是,"一个中国人是龙,三个中国人是虫",这是多么悲哀的现象!

恶性的嫉妒是民族心理劣根性的表现之一,消除这一劣根,应该从学生时代做起。

❋ 与人为友　与人为善（治疗方法）

井底之蛙,以为天只有一个井口那么大。

恶性嫉妒的人如同井底之蛙,只见井小,不见天大。他们把目光局限于本班、本校,以为在这一小环境里领先,便可以称雄于天下。其实,地球上的人口达几十亿之众,在一个小环境中纷争又有什么价值呢?

比较固然是人们前进的动力之一,跟别人比较可以找到前进中的参照,但不必嫉妒,更不该伤害。

与人为友,别人便是自己生存发展的条件;与人为敌,别人便是自己前进的阻力。正如俗话所说,多个朋友多条路,多个冤家多堵墙。心胸宽广些,待人态度友善些,朋友就更多,征途就更平坦。

总跟别人比的人就会活得太累,因而不如跟自己比——比自己的过去。自我认识、自我鉴别、自我设计与自我发展,是人生修养的必要渠道。对别人幸灾乐祸,自己的后院反倒起了火,还不如收回双眼与心思,看好自己的门,做好自己的事。

本书的两名作者恪守以人为伴、与人为善的人生准则,为别人的快乐而快乐,为别人的悲伤而悲伤。至今之所以成就一点事情,绝非天资过人,而是因为前面有人拉,后面有人推,前进中的阻力小一点、少一点罢了。

与人为善,使人少几分烦恼;与人为友,使人多几分帮助。

当然,嫉妒也不完全是个人问题。一般说来,一部分人的正常上升,往往不是另一部分人嫉妒的理由;而当另一部分人的正常上升通道被堵塞的时候,却可能引发人的心理不适,乃至嫉妒。弱化嫉妒,强化共生共存与共荣,还有很多事情要做,尤其是在机制与体制方面。这也恰恰是摆在我们面前的责任——通过我们的艰巨努力,让未来的社会人尽其才,让未来的社会更美好。

❋ 合作学习,惠己及人(治疗方法)

合学教育这一教育流派,崇尚合作共赢的学习理念和人生理念,最大限度地创造学生合作、教师合作、师生合作、干群合作、校际合作、区域合作,崇尚人与自然和谐、人与人和谐、人与自己和谐。"合作学习,惠己及人"就是我们传播并引领践行的理念之一。我们认为,合作学习不是以自我牺牲为代价,而是把"惠己"与"助人"有机地结合起来。很多同学践行这一理念,切实体验到了共赢带来的快乐。

合作学习,不只是学习了知识,增长了技能,还能拓展人的胸襟,提升人的境界,是实现人的终生发展的奠基工程之一。合作学习,其实是和别人一起成长,和别人一起成功。

◎ 焦躁使人低效

现代社会,节奏加快,竞争加剧,压力加大。这样的生存背景容易使人焦躁,使人心态失衡。

❋ **焦躁感≠紧迫感(问题分析)**

焦躁心理是影响学习的心理误区之一,焦躁状态是学习进程中的拦路虎。

什么是焦躁?几乎所有的人都有过遇事心乱如麻、心神不安的感觉,这种感觉便是焦躁感。《新华字典》解释,"焦"是焦急,"躁"是性急、不冷静。可见,焦躁是由于着急而导致的不冷静。在和很多成年人谈心时我们发现,绝大多数人都感到自己很忙乱,停不下来,静不下来。这些外在表现,其深层就是内心的焦躁。

焦躁感不等于紧迫感。紧迫者大多冷静而有序,因而做事情富有成效;焦躁者大多杂乱而无序,因而通常效率偏低。

人生如同仓皇而逃的逃兵,来不得几分歇息。焦躁也好,紧迫也好,都是忙忙碌碌。重要的在于能否做到忙而不乱,有条不紊。诸葛亮也曾是司马懿追赶的逃兵,面对敌强我弱、实力悬殊、濒临绝境的噩运,诸葛亮不是心烦意乱、焦躁不安,而是镇定自若,使出了莫测高深的"空城计"。他克服了常人难以克服的心理障碍,以静制动,以假乱真,终于化险为夷。

军事的较量,包括心理的较量。学习的竞争,也包括心理的竞争。因此有人说,缺乏道德的学习者是危险品,缺乏才干的学习者是次等品,缺乏良好的心理素质的学习者是易碎品。我们在学习中,如果能像诸葛亮那样,每临大事有静气,就能够宁静致远。

❋ **焦躁有害(危害分析)**

焦躁是心乱如麻的情绪状态,它影响心智的正常发挥。这一点,已经被科学实验所证实,如右图所示。

人的学习能力有所不同。按照由低到高的顺序,科学家把学习能力分为五

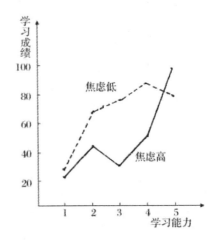

级:其中,第一级为学习能力的低常者,占总人口的 1% ~3%;第五级为学习能力超常者,占总人口的 1% ~3%;其余的二、三、四级为学习能力中常者,占总人口的 94% ~98%。

图中阐述的含义是这样的:

(1)对于第一级学习能力的学生(即低常者),焦虑程度高低对学生成绩影响不大。

(2)对于二、三、四级学习能力的学生(即大多数普通学习能力的学生),焦虑程度高则学习成绩降低。

(3)对于第五级学习能力的学生(即少数超常学生),提高重视程度则学习成绩上升。

实际情况也是这样。学习能力超常的学生有足够的潜能应对学习,在没有压力的情况下,智能难以充分发挥,成绩反而平平淡淡;在有压力的情况下,全力以赴地投入精力,成绩就能得以提高。学习能力偏低的学生,通常对学习采取无所谓的态度,压力大小、负担轻重对他们都没有多大的影响,这部分人面临的重要问题是不良学习行为的矫正。

总之,通过如上分析可以看出,学习需要良好的心境,心平气和,而不是焦躁不安。

※ 立鸿鹄之志　树平淡之心(改进建议之一)

《辽宁青年》有一篇刊首寄语,名为《学习为做人》,很是耐人寻味。文章是一个中学生写的,体现了那位中学生深沉的人生思考。

学习为了什么? 这是一个学习目标问题,也是一个人生目标问题。在某种意义上讲,目标比方法更重要,因此英文有个说法:"Want to do ＞ How to do"。

有的人,学习仅仅是为了升学,升学是自己的终极目标。升学之前,他们常常为学习进程中的一时一事兴奋不已,或是沮丧、悲哀不止,患得患失。升学后,因为人生的最高目标实现了,便开始碌碌无为打发日子,他们的人生之花在花蕾期便开始凋谢、枯萎,纵有后续几十年光景也结不出沉甸甸的果实。

有的人,学习为了做人,为了做个品德高尚、学有所成、有益于社会的人。对于他们,升学固然是深造的机会,但即使不能升学,他们也把学习当作终生的任务。他们的学习行为紧紧围绕着做人做事的需要,而不仅仅是升学的需要。他们为学习上的点滴进步而欣喜,却不为能否升学而挖空心思。他们目标高远,因而不至于为眼前的升学焦躁不安、孤注一掷。

学习为做人,是有志青年应当追求的人生高度。

人生不可无志。学习为升学,那是燕雀之志;学习为做人,那是鸿鹄之志。有

了"学习为做人"的学习目标,才有遇事沉着的平淡之心。对于他们来说,成功是平淡的,因为那不过是万里长征的一步;挫折也是平淡的,因为那也只不过是前进途中的必然过程。

学习为做人,既是鸿鹄之志,又是平淡之心。它使人宁静致远,它使人波澜不惊。

如果学习仅仅为了升学,那就如同"把鸡蛋装进同一个篮子",唯恐稍有闪失;如果学习为了做人,就如同把鸡蛋装进不同的篮子(实现目标的多种路径),就不会因某一次磕碰而过分地绷紧神经。如此这般,则心境会更加平和,人生会更加潇洒,学业也会更加顺畅。

我们需要记住,最好不要把鸡蛋装进同一个篮子。另外我们还需要清楚,比升学更高一级的目标是:优秀做人,成功做事,幸福生活。这样的"上位目标",尽管和升学密切联系,但毕竟彼此不同。

✲ 谋道使人心静　谋胜使人心急(改进建议之二)

据说,围棋的发明与战争之间有着一段缘分。某国的国君是个好战分子,以对邻国的占领为满足、为乐趣。在连绵不断的战争中,民遭涂炭,尸横遍野。为摆脱这种无休无止的厮杀,一位聪明而且酷爱和平的大臣发明了一种模拟战争的手段——围棋。

围棋再现了战场上的机智与勇猛,却有效地消除了真刀真枪,消除了真实的人员伤亡,这是一种文明,是一种进步。在这一文明的背后,因为它来源于战争,因而也无时无刻不带着战争的痕迹,"交战"双方要分出胜负高低。

审视一张小小的棋盘,我们不难发现旁边围坐着两种人,一种人在谋道,一种人在谋胜。

谋道者心静如水,谋胜者心急如焚。谋道者所关注的是棋盘上那些决定胜负的万古不变的道理,因而他们重视结果更重视过程,不因为败局而沮丧,不因为胜局而狂喜。他们能以一种波澜不惊的心态研究棋艺,能够在对局势发展过程的品味中得以自娱,他们永远是幸福的。谋胜的人则不然,他们过分关注局势的输赢。因而乐于谋胜而又患有心脏病的

人不适合下棋,他们禁不住胜利的欣喜,也禁不住失败的打击。

在学习上,我们可以把"谋道"看得比"谋胜"更重一些。因为,在谋道的过程

中，我们平心静气、细致入微地研究怎么学，培养了学习能力，为谋胜奠定了强大的基础。有了"道"，谋胜也就水到渠成。

大文豪苏轼就是这样的典型的"谋道者"。他并不是希望自己成为大文豪，而是"稍不留神"意外地成为大文豪的。他搞文学创作，纯粹是为了游戏、抒情和自娱。正是这样潇洒的人品与文品，才令众多刻意追求者望尘莫及。

王羲之写的《兰亭序》，也不是为了给后人留本字帖，他甚至不是"谋道"，而是超然物外。这样的心境，使得他的墨迹成为天成之作。

学习上、创作上有时会出现"有意栽花花不开，无心插柳柳成荫"的现象。精神解放一点，行为洒脱一点，这正是学习进步的吉祥之兆，它能使"无意之花"绽放得格外绚丽。

◎ 走出少年的烦恼(1)

——有关"喜欢"的话题

　　一位初中生带着十分苦恼的表情找到老师,向老师道出了自己的烦恼,说他喜欢×××,但又不好意思说,十分苦恼。听到这些,富有经验的班主任老师一番谈话让他豁然开朗,老师谈话的主题是"走出少年的烦恼"。

　　人的一生有着不同阶段,分别是婴儿期、幼儿期、童年期、少年期、青年期、中年期与老年期。在人生的不同时期有着不同的生活主旋律。婴儿期是伴随着摇篮曲度过的;幼儿期是伴随着幼儿园的玩伴度过的,此间以玩儿为主,在玩儿中学;童年期读小学,此间以学为主;进入少年期则就读于初中,此间的学习、生活有着自己的新特点。

　　少年期既不像童年期那样单纯,也不像青年期那样成熟,因而就表现出少年期特有的矛盾与烦恼。对于异性,他们发自内心地"喜欢",然而宏观环境又不允许他们表白,不允许他们自由发展,这便是少年期特有的烦恼之一。

　　❋ "喜欢"衍生烦恼

　　1. 不被喜欢

　　随着身体的成长与心理发育的进行,进入少年期的初中生开始关注异性,也希望得到异性的关注;开始喜欢异性,也希望得到异性的喜欢。然而,喜欢本该是相互的,当自己喜欢别人却得不到对方的回应时,烦恼便产生了。

　　2. 不敢喜欢

　　中学阶段的孩子谈情说爱,通常得不到家庭支持、学校支持和社会支持。这样的周边环境,会使人陷入想喜欢而又不敢喜欢的矛盾境地。

　　3. 不能喜欢

　　没有能力的喜欢如同空中楼阁、海市蜃楼,这是问题的核心,也是矛盾的焦点。这种矛盾是任何人都无法回避的"自然人"与"社会人"的矛盾。

　　我们是"自然人",来于自然,归于自然,有着与其他动物相近似的生物属性(即自然属性)。我们又是"社会人",要承担社会责任,遵守伦理、道德与法律。作为社会人,每一份责任都是沉甸甸的。比如:作为父母,要养家糊口,养育并管理子女;作为子女,要为父母尽孝;作为公民,要履行公民义务;作为员工,要履行员工职责。而这些,要靠增长本事才能实现,这使得现代人的成长阶段延长,容不得在"喜欢别人"的过程中分散注意力。

在科技并不发达的农业时代,一个人作为自然人和社会人是同步成长、同步成熟的。一个人只要长到十几岁便接近于成年人的体力,便能完成成年人的农业劳动,承担成年人的家庭责任与社会责任。那时候,不足 20 岁的人安家立业被视为天经地义而不视为早婚。

现代人则不同,人们面临着"早熟"与"晚熟"的矛盾。由于科技进步与社会发展,营养水平提高了,保健水平提高了,这使得自然人成熟得更早。同样是由于科技进步与社会发展,作为社会人的发育过程时间延长。众所周知,机器人比人的劳动成本更加低廉,更能承受恶劣的工作环境,这是人的劣势。人的优势在于通过学习活动获得更高更强的智力与创造力。这方面,现代的社会人比前

辈们晚熟了许多,不受十年寒窗苦是万万不能的,所以中学生的中心任务是潜心学习。

前面所说的"喜欢",是作为自然人能为而作为社会人所不能为的事情。最终,还是要尊重社会属性,抑制自然属性。所以,这个阶段不能"喜欢"。

少年期是生命的春天。春天里不该结出秋天的果,而应开出春天的花。

❋ 走出少年的烦恼

1. 善待自己

明天的我们担负着更大的责任。人是在相互关联中生活的。今天,我们能够安静地读书,是因为父母和祖辈承担了太多的责任。伴随着自己的成长和长辈的衰老,我们在承担着更重的社会责任的同时,也将承担更大的家庭责任。4∶2∶1的家庭结构以及老龄化社会的到来,决定了我们的责任方式。唯有利用少年时光最大限度地增长正能量,才能托起属于自己的责任。

2. 善待别人

进入初中以后,有人开始以"喜欢"的话题起哄,说"A 喜欢 B,C 喜欢 D……",在同学中人为地制造"对应关系"。他们自己得到一时的快乐,却给别人带来了烦恼。这种以别人为取乐对象的行为也损害了自己的形象,也是对自己的不负责。我们生活在相互关联的人际关系之中,伤害别人便是伤害自己,善待别人也是善待自己。

◎ 走出少年的烦恼(2)

——有关"逆反"的话题

什么叫"逆反"？按照字面的意思，就是叛逆，就是反其道而行之。再通俗地说，就是"你坚持的我就反对，你反对的我就坚持"。

跟谁逆反？肯定是跟相关联的人逆反。陌生人，利益不相关的人，形同陌路的人，因为你跟他没接触，井水不犯河水，逆反的可能性很小。这么说来，逆反主要发生在自己和父母之间，发生在自己和老师之间。父母和老师关心你，你却跟他们逆反，这是一个让他们十分伤心的事情，尽管你也有着自己的苦衷。

逆反不一定是坏事，关键在于如何避免逆反所造成的副作用。就像"说谎话"一样，它本身没有对错之分，只有在一些具体的环境之下，我们才能对"说谎话"作出具体的评说。比如，跟真诚善良的人说假话，这是罪孽；跟病入膏肓的人说谎话，把病情说得轻描淡写，这是"善意的谎言"；对正在作恶的人说谎话，这是智慧与勇气。同样，对于"逆反"的问题，我们也要一分为二。

❋ 认识"逆反"要一分为二

"逆反"是人的天性。何以见得？刚刚学会走路的婴儿，就开始竭尽全力摆脱大人的束缚，他们要"自己走路，走自己的路"。这一点，或许不只是人类的专利，它是动物界共同的生存需要与生存状态。

"逆反"的另一个侧面是独立性。脱离母体以后，一个生命体要作为一个独立的生命个体存在于世界上，而不能完全依赖任何其他生命个体。所以它不可能一概地适应与顺从，相反，却要伴随着反叛与抗争，这个"抗争过程"就是逆反。"独立性"的存在与唤醒是好事，所以"逆反"也不一定都是坏事，关键在于如何把握，如何趋利避害。

当然，"逆反"也不一定都是好事。即使是在动物界，那些成年的动物也要控制幼年个体的活动半径，对于它们呵护有加，从而确保那些"未成年动物"的生命安全。当然，随着幼小个体的成长，它们的父母也会逐渐地放开些，以至于在必要的时候还要把它们"赶出家门"。在不具备"完全行为能力"的时候，如果一概地逆反，坚持闹独立，那么就可能付出血的代价，有时甚至是生命的代价。动物尚且如此，人类当然也不例外。

"逆反"不一定都是坏事，但如果没有理由地采取"屏蔽化"的逆反，父母和老师坚持的自己就反对,父母和老师反对的自己就坚持,那么就可能在成长的道路上摔更多的跟头。那些不当的逆反主要有两种:一是"屏蔽化"的逆反,二是"扩大化"的逆反。

"屏蔽化"的逆反注定是有害的,因为心理的屏蔽与信息的屏蔽只能使人走向偏执。"扩大化"的逆反有两种表现:一是凭借主观臆想放大自己的实力,以为自己无所不能;二是凭借感情倾向放大别人的过错,总是按照完人的标准要求别人。如果想在成长的道路上走得快一些,走得高远一些,就应该最大限度地消除成见,消除对于老师和家长的成见,最大限度地吸收他们的经验与长处,最大限度地吸收天地万物之精华。

❋ 解决"逆反"要一分为二

不恰当的逆反,归根结底是由于不能正确处理自己与别人的关系。所以,解决问题也应该从调整自己和悦纳别人两个方面加以注意。当然,最根本的还是调整自己。

1. 调整自己

其实,调整自己只有进行时,没有完成时。它要伴随整个生命历程,并不是一次调整就可以结束,就像汽车司机一样,只要汽车在行走,方向的调整就不能终结。那么,要调整到什么程度呢? 一个很好的境界就是让自己的主观想法和客观实际相接近。

李瑞环在会见美国客人基辛格博士时说:"成功的人有各种各样的特点,但有一个特点是共同的,那就是主观与客观相吻合。"他说:"什么是客观? 除了自己的想法是主观的以外,其余的都是客观的。你的想法是什么,这是我无法改变的事实,所以对我来说就是客观的。"看来,要想处理好相互间的关系,就要知道、理解并尊重别人的想法,就要尊重别人的情感、态度与价值观。对于我们中学生来说,调整自己,就要让自己的认识最大限度地趋于实际。自己的认识越是趋于实际,就越能够达成与实际情况的和谐,自己的生活状态就越好,自己的心境也就越好。

2. 悦纳别人

有人把成功的过程概括为:"利用自己可以利用的,控制自己可以控制的,包容自己无法改变的。"这三句话,实际上也在讲述如何待人待己。

面对心理健康状况欠佳的人,心理辅导专家提倡"悦纳"——悦纳自己,悦纳别人。对别人采取逆反的态度,就是因为不能悦纳别人,排斥别人的正确主张。

悦纳是一种智慧。有了这种智慧可以把发展的阻力减小到最低,把成功的成本减小到最低,把可以利用的外部环境用到最好。否则,我们很可能被碰得头破血流。

　　某校高二年级换了化学老师,同学们认为新的化学老师不如原来的老师优秀。于是,一些学生的逆反举动相继产生,他们在课堂上搞恶作剧,故意让那个新老师下不来台;他们找校长要求换老师,但没能取得实效。在这个逆反的过程中,曾经逆反的学生开始分化了,他们中的一部分人开始悦纳新老师,很快能够配合她上课,结果化学学得很好;另一部分人则继续逆反,结果除了自己的化学成绩下降之外,别的什么结果也没有。

　　悦纳能够改变人的心境。心境变了,世界都会为之改变。潘长江无法改变自己的身高,他悦纳了自己,他坚信"浓缩的都是精华",于是他创作了那么多让我们喜闻乐见的作品,他的智慧在于悦纳。

　　悦纳是一种和谐。入乡随俗,随遇而安,这并不代表消极避世与不思进取。相反,悦纳别人,是在现实中谋发展的生存智慧。

　　篇尾小结　迷茫使人空虚,厌学使人落伍,自卑使人懦弱,自负使人孤傲,嫉妒使人消瘦,焦躁使人低效,自扰使人平庸……所有这些都是心理的误区。只有走出这些误区,才能进入科学、优质、高效学习的新天地。

附录

◎ 给你一支点

——记李景龙和他的"杠杆模型"

《赤峰日报》记者　陈玉兰

1995 年 12 月 22 日,李景龙登上了赤峰二中的讲坛,把他几年来苦心钻研的学习方法理论传进这所远近闻名的学校。这一刻,算是他半年多义务讲学中最辉煌的一刻!

在赤峰二中的讲座和在其他学校一样,引起了强烈的反响。学生说:"李老师讲得太好了,我们非常有启发。"老师说:"太解渴了! 他讲的正是我们一线教师想说又说不清的问题。"

该校领导对记者说:"如何在原有的教学水平上再有一个提高,这是我们教育界面临的难题。学习指导便是突破口,但这方面没有成型的做法。李老师的研究恰恰解决了这一问题。"

李景龙的研究已得到了全市 40 多所学校的认可。然而,他只有 5 年教龄,又几经辗转走到学校向人们讲解如何学习,所以他首先遇到的是审视和怀疑的目光。1995 年 5 月,李景龙来到乃林蒙中。校长问他有著作吗,他递过《学习过程 36 计》和他发表的一叠论文,校长才让他讲课。1000 多名学生听完报告之后,李景龙又专门为老师们讲了一场,讲座引起了轰动。身为自治区劳动模范的校长巴易尘说:"这次你算是征服了我,我请你当顾问。"校长还以个人名义设宴款待他。

本来,李景龙的讲学是为了进一步丰富他的学说,当然不希望只听掌声,相反的意见对他更有促进。一次,李景龙在锦山二中讲学,发现教导主任表现冷漠。李景龙过后专程登门拜访,虚心求教。那位教导主任看他诚恳,便道出了其中的不足——不成体系。李景龙的讲学活动中止了,他开始了苦苦思索。终于,灵感降临了:在一次似睡似醒的梦中,他构想了一个"杠杆模型"。从而,在学习方法研究上提出了一个全新的思路。

或许是由于学物理、教物理带来的灵感,李景龙把学习方法分为"学习规律、学习原则、学习技巧和学习习惯"几大部分,并纳入杠杆体系。学习规律和学习原则构成杠杆的支点,学习技巧和良好的学习习惯构成杠杆的动力。知识和能力是这个杠杆要撬起的"物体",心理误区则是阻碍杠杆转动的一个赘物。要撬起"知识和能力",首先必须去掉赘物,即走出心理误区,如"厌学心理、自卑心理、嫉妒心理、

137

孤注一掷心理"等。他认为,建立一个积极向上的人生目标,保持一种豁达健康的精神状态,是掌握知识、提高学习能力的关键。在杠杆模型中,技巧则是"巧劲",习惯是"恒劲",二力合一,事半功倍。

李景龙把学习的规律、原则、技巧、习惯用这种简单的机械模型来表示,既直观又形象,学生们听了易接受,便于操作。

半年来,李景龙带着他的"杠杆模型",走过了近40所学校。在平矿中学、松山一中、赤峰十中等一些知名学校,他的讲座往往由一个班扩展到几个班。

现在,李景龙的《学会学习》一书,已纳入了一家出版社的出版计划。那么,我们本地的教研权威部门对他的研究是怎样评价的呢?近日,记者走访了市教科所所长范有祥同志。范所长说:"李景龙老师的研究,弥补了传统教学上的不足。""我们传统的教学只注重'教',不注重'学'。而学习,学生是主体,让学生由被动变主动,才是学习的关键。从这一点上看,李老师的研究非常有价值。"范所长还说:"从全国来看,怎样学习的问题,也是个热点。它已引起了国家教委的重视。现在,全国正筹建'学习科学研究会'。"他表示,市教科所要尽量提供场所和机会,让李老师的理论得以传播,并使之和全国挂起钩来。

李景龙现已被市教科所聘为兼职研究员。一个美好的前景已展现在他的面前。

(本文刊登于1996年2月26日《赤峰日报》)

注释:

1.本文所说的"赤峰二中"是当地人心目中最好的学校。

2.再后来,李景龙曾经去清华二附中、北大附中宣讲"杠杆模型"。

3.一年后,李景龙结束了"下海"与"个体讲学"的生涯,"登陆"津门。

◎ 潇洒个体讲学人

《红山晚报》记者　金建华

1994年4月,刚过而立之年的《松山报》记者李景龙"下海"了,说要到学校讲学习方法。人们笑了:那是藏龙卧虎的地方,哪有你那一席之地呢?

然而有消息说他干得挺不错。日前,记者怀着新奇和敬佩,采访了这位"个体讲学人"。

一句评语与一个念头的产生

1995年4月,在兴发集团"打工"的李景龙,利用业余时间到平庄矿务局五家矿中学推销自己的专著《学习过程36计》,方法是义务讲学,学生听后自愿购买。这天,李景龙面对500多名师生侃侃而谈,校领导听了频频点头:"不错,真不亚于专家呢。"

有道是旁观者清。妻子小张提醒景龙,既然不亚于专家,何不试一试! 于是,不当书商,而做讲学人的想法形成了。他放弃了兴发集团每月600元的兼职工资,满怀信心地和妻子回来了。

一次冲击与一个新框架的形成

李景龙以爱钻研、悟性强、适应性强而显出优势,早在几年前当教师时,他就已发表过教学论文30余篇,并成为两家省级学生杂志的专栏作者。经过充分的准备,第一次正式讲学在乃林蒙中开始了:"如何才能避免再犯同样的错误呢?"他在黑板上书写下"勿蹈覆辙",然后说:"深入分析错误原因,并自编一本'错题集',或把一时做不出的写一张'欠账单'……"讲座结束后,他被该校聘为顾问。

当然,并非每次讲课都圆满成功,锦山二中的教学主任就直言不讳地反映出了讲法中的不足——系统性差。这说法犹如当头一棒,李景龙和妻子再次潜下心来,反复研究其中的问题。终于,他从物理学的"杠杆原理"中得到启发:学习过程中的原则和规律,就是学习方法这一杠杆的支点。他还进一步分析,学习这一"杠杆"的动力,可分为学习技巧和学习习惯,前者是"巧劲",后者是"恒劲",二者合一,必然事半功倍。这一体系,生动形象,便于学习和运用。

一次测验与一张介绍信的由来

李景龙深知，若想在讲学事业上有所发展，首先应获得教育科研部门的认可。

于是，他径直来到赤峰市教科所范有祥所长的办公室，一连三次。范所长回话："可以到十中马素侠老师的班级试一下。"而后，他被市教科所聘为研究员，并得到一张介绍信。原来，范所长和马老师是夫妻，他们设计了一次特殊的考试。

有了教育科研主管单位的介绍信，李景龙的信心更加坚定了。

一次攻坚与一个链式反应

李景龙欣赏"越是艰险越向前"这句老话，也领会核裂变中的连锁反应。

他和妻子"周游列国"到了平矿高中，校方有些疑虑。李景龙干脆说："讲得不好，你们收获不大，我们包赔损失！"校方为慎重起见，先安排一个班听讲。而后，讲座一发不可收，仅在这个学校就讲了三场。

李景龙是乐于、善于向困难挑战的，他常常选取一个地区、一个旗县中教学水平较高的学校作为打开局面的突破口。半年多过去了，他先后登上了赤峰十中、桥西二中、桥西中学和赤峰二中等学校的讲台，把学会学习的种子播撒在数以千计的学生心间。相信不远的将来，他会赢得更加喜人的收获。

（本文刊登于 1996 年 1 月 10 日《红山晚报》）

◎ 破译人生的真谛

《赤峰青年报》记者　邵涌河

一

1994年4月,赤峰市松山区。

一条新闻不胫而走,报社记者李景龙辞去公职闯荡社会去了。

消息好像是插上了翅膀,很快传遍了大街小巷。一时间,人们议论开了:"不稀罕铁饭碗,去找金饭碗银饭碗。行,景龙是条龙!"

"哼!啥金碗银碗的,也不掂量掂量自己,连'狗刨'都不会,还要下海……"

李景龙挨"淹"了。做买卖,赔本儿;搞广告,倒搭钱。一万五千元的外债好像一座无形的小山,压得他直不起腰,喘不匀气。那些日子,债权人整天"蹲坑守候"、"跟踪追击"。为了生计,他不得不选择一家企业,开始了他有生以来的第一次打工生涯。

一个偶然的机会,拨亮了他实现价值的火花。在五家矿初级中学讲授中学生学习方法以后,听到了校领导和老师们"不亚于专家"的评价,他坚定了把毕生精力投入到学习方法研究的信心。《学习过程36计》、《学会学习——中学生学习方法》两本书相继被内蒙古教育出版社和内蒙古科学技术出版社出版。随着这两本书发行范围的不断扩大,名气也越来越大,赤峰二中等近百所学校争先恐后地要请他讲学。1996年10月,他接到通知,邀请他和另一名享受国务院特殊津贴的教育专家刘彦老师代表内蒙古自治区出席在天津召开的全国学习科学研究会。于是,他兴致勃勃地踏上了征程。

二

1996年10月20日,天津教育科学研究院。

衣着简朴的李景龙挤在来自全国12个省、市的代表中间排队报道。300元的会费对于他来说实在是当头一棒,因为他这个唯一不拿国家工资的参会者,交了会务费就没有了返程的路费。李景龙在减免请求无效的情况下,急中生智,想卖随身带的自著书来筹措回家的路费。哪知道,最后的一线希望竟然化为泡影:接待人员说会议期间只准许赠书而不准卖书。没钱难倒英雄汉,在众目睽睽之下,李景龙尴尬地呆住了。人们面面相觑:这位如此寒酸,到底是干啥的?

141

三

"各位专家,我来自内蒙古赤峰市……"在大会上,李景龙终于有了发言的机会。当300多名与会者得知这位是"个体讲学人"时,纷纷小声议论:"学术研究还有个体户?没听说过。"同时向他投去了不屑一顾的目光。

李景龙不卑不亢,镇定自若。大庭广众面前,他发挥着自己的优势。因为,那些金字塔里的学者们对于实际问题接触得少;而那些在中学一线的老师们,由于经常忙于事务,也表现出理论功底的不足。作为"个体讲学人",李景龙能够把理论与实际很好地结合起来。在赤峰期间,他之所以受到欢迎,也是因为这个优势。会议发言席上,这个来自边疆地区的"个体讲学人"以其讲解的通俗性,以及运作模式的可操作性赢得了认同。15分钟的限时发言,使得与会者对眼前这个不起眼儿的小伙子刮目相看了。当大家知道他讲的内容都在他随身携带的书中时,一百余册书很快被抢购一空。北京、天津两地的参会代表争先恐后地邀请他去讲学。终于,天津市十三中、北京清华附中、北京西城区一五七中学、北大附中等名校的讲台和闭路电视上,都留下了他潇洒的身影。北大附中对李景龙讲座的评价是:"使同学们受益匪浅,给同学们引了路。"清华二附中的评语是:"报告不但对学生的学习具有指导作用,对教师的教学也具有指导意义……"

李景龙终于闯出了一条成功之路。

现在,邀请李景龙讲学送"宝"的信函及电话不断,李景龙在"个体讲学"这条路上也越来越执著。他把雨果的话奉为自己的人生信条:"我宁愿靠自己的力量打开我的前途,而不愿求助于有利者的垂青。"

注释:
1. 文章发表于1996年12月16日《赤峰青年报》。
2. 文章发表后不足一年时间,李景龙即结束了"个体讲学"生涯,调入天津。

◎ 老校长求贤若渴引凤凰
夫妻落户"兴国"挑重担

《天津日报》记者魏月蘅　通讯员刘向梅

　　一对外地教师夫妇慕名到兴国学校，老校长郑秉泇求贤若渴，费尽周折终于引来凤凰。

　　这对三十多岁的外地教师夫妇都是内蒙古师范大学的毕业生，丈夫叫李景龙，妻子叫张素兰。李景龙大学毕业后，曾经担任教师、公务员及报社编辑、记者等职，张素兰大学毕业分配到内蒙古赤峰市松山职教中心当教师。1996 年，一个偶然的机会，他们听说天津市兴国学校研究"学习学"，并听说国家教委要在兴国学校召开全国学习科学研讨会。这个消息引起了正在从事"学习学"研究的李景龙和张素兰的极大关注。他们俩自费来到兴国学校参加会议，并且在会上表现出色。在会上，夫妻俩认识了兴国学校老校长郑秉泇，郑秉泇格外欣赏这对年轻夫妻的气质和钻研教育理论的精神，鉴于学校正缺少这样的人才，就下决心把他俩调过来。郑秉泇把自己的打算向天津市教育局、区教育局的有关领导进行了汇报，取得了领导的支持。年近七旬的郑秉泇经过马不停蹄地多方联系，于 1997 年 10 月把这对夫妇调了过来。李景龙和张素兰带着他们的儿子，怀揣报到单，终于踏进了兴国学校。一年来，这对夫妻工作相当出色，被誉为兴国学校的"模范夫妻教师"。李景龙任四个班的物理课教师，同时教四个班的学习指导课。张素兰当化学教师，并且兼管化学实验室，同时教八个班的学习指导课。用张素兰的话说，来到天津，感到天津人朴实善良；来到兴国学校，觉得如鱼得水，心情舒畅，感到有使不完的劲儿。最近，他们花了两万多元，在郊区买了一套平房小院，彻底安了家。这样，什么后顾之忧也没有了，只剩下一心一意地工作了。

　　注释：文章发表于 1998 年 10 月 20 日。李景龙和张素兰在兴国学校供职四年，全面学习老校长的教育思想，为光大郑校长倡导的"学习教育"作出了自己的贡献，后于 2001 年暑假加入新的创业团队天津中学，依然以自己的方式实践着老校长的教育理想。

◎ 学习改变命运

李景龙

导学情节

这本介绍学习谋略与方法的小册子到此画上了句号。我们掩卷沉思一下,谋略与方法到底是什么呢?

我想,谋略与方法是神秘的,又是简单的,好比一层窗户纸,点破之前神秘莫测,点破之后茅塞顿开。如果本书把蒙在你学习上的一层薄纸点破了——哪怕是一点点,我们便达到了预期的目的。

知识在于积累,谋略与方法在于点拨。谁能早日接受学习谋略与方法的点拨,谁就是幸运的。

作为本书的作者,我们读书时,只知道谋略与方法很重要,却找不到谋略与方法,学起来很吃力。如今,我们告别学生时代,历经二十余载形成了这一学习谋略的"杠杆模型"。值此本书出版之际,我们为本书的读者而高兴,也为自己的学生时代而遗憾。

时光是不可逆的,我们不可能回到自己的学生时代,因而遗憾也终归遗憾了。遗憾之余,让我们得以欣慰的是,本书毕竟通过出版社再次出版了,这将使得千万人受益。在千万个读者中,作者只不过是极其普通的一员。如果数以千万计的学子们把这些谋略与方法运用好了,势必产生一两个人无可比拟的能量,并给社会进步以推动。果真如此,我们的心中只有欣喜,往日的遗憾便荡然无存了!

通过书中的附录可以看出,本书的形成与发展经历了二十余年的历练。在这个快餐式的时代,我们更欣赏陈酒的醇香。蒙曼教授在向中学生推荐社科类书籍时指出:"读书要读那些十年以前出版,如今却还能再版的书,读那些大浪淘沙后留下来的书。"《好方法胜过好老师》就试图成为一本这样的书。

早在二十多年前,老同学巴图还是内蒙古科学技术出版社的青年编辑,他就热衷于这一选题,并促成了《学会学习——中学生学习方法》一书的出版,这本书就是《好方法胜过好老师》的雏形。二十多年来,巴图由一名青年编辑成长为社长,我们也几经辗转,由家乡赤峰到天津再到北京。星移斗转,物是人非,但我们关注学习、关注学生学习优化的情结没有变。而且,随着学习的加深、研究的加深、体验的加深,这一成果的内容与形式也在逐步完善。作为一本普及性读物,这里所谈的内容偏于共性的角度。在此基础上,个性化的学习方式,还需要进行个性化的创造。

在这么长的时间里,我们一直坚持着学习策略的研究,一直致力于导学实践,并凝聚为一种情结。这种导学情结,和我们自己艰难的求学之路紧密地交融在一起……

走出沟谷

山很高,村子很小,颇有坐井观天之感。

弟弟后来在北大电子系读博士时回忆,他是在超过了 10 岁时才爬上山顶的,当他发现山外还有山、还有天、还有村庄和人家时,颇感惊奇。因为,他不曾听说,更不曾见过。

爱人第一次来家里,是徒步翻过了那座山的,那是上个世纪 80 年代中期。她做了一个浪漫的假设:如果在山顶坐上一辆滑车,那么滑到底端便到了我的家。

在一个三面环山的盆地,找到书、找到读书人很不容易。记得农村过年有用旧报纸、旧书纸糊屋子的习俗,好比是现在给墙壁刷浆。墙壁上的旧报纸是我了解外面世界的一个视窗,在那堆旧书中,我还"抢救"了一本俄语书。现在想来,当年在没有任何基础的情况下捧着那本俄语书想方设法地去解读,那是怎样的愚笨!但周围没有人能告诉我外语该学什么、怎么学,也没有人能告诉我,外语不经过启蒙是不能自学的。记得我在读初中时就做起了大学梦,可同班同学说,考大学要会 7 门外语,他们是从村里的民办教师那里听说的,这或许也是我抢救那本俄语书的原因。后来读高中了,我才知道不是考 7 门外语,而是从 7 门外语中选择一种。在家里读书,遇到不懂的词、不会的题,很难在方圆几里的范围内找到明白人,只记得因式分解的十字相乘法是向下个年级的学弟学会的。所以,爸爸从县城里买来的《三角函数》《解析几何》,我从上海邮来的理化自学丛书,这样的"硬骨头",我怎样也啃不动。

农闲的时候,唱几台大戏是农村的娱乐,我躲在小屋里读书显得不入世俗,并由此引来讥笑,但我还是坚持做自己最该做的事情。

学习改变命运,学习也能创造奇迹。公元 1982 年——建国后第 33 年,我所在的村庄出了第一个大学生,这使得我有机会获得高层次的、正规的学习机会,也是我第一次走出命运的沟谷。

比学生更勤奋

自读书以来,读得最透、揉得最烂的书是报考公务员时用过的。公务员考试主要考文科知识,学理科的我和十多个学文科的考生去竞争一个岗位,能够在竞争中

获胜,不是由于天分,而是由于勤奋。

报考公务员时,我更留恋自己的教师岗位。从教的第二年,我写出了属于自己的书,名为《学习过程36计》。书是在面向学生的思考中酝酿、在面向学生的反复宣讲中形成的,学生的表情告诉我,他们喜欢我讲的内容。遗憾的是,书辗转了7年才最终成为一个合法的出版物。写书的日子,全社会尊师重教;出书的日子,知识价值跌入低谷。所以,我出的那本书连同发表的教学论文并不曾改变我的命运。农村中学的五年教龄是值得珍惜的,它使我在意志上再次得到砥砺,难过的甚至可怕的,是那期间的两地分居。儿子即将出生的日子,爱人住在另一所学校的单身宿舍,身边没有亲人。这本身并不可怕,可怕的是一种我们从没听说过的病导致她产前昏迷,她从床上滚落到地上,炉火烧伤了她的大腿,她痛苦的呻吟惊醒了隔壁的同事。爱人是在同事的护送下进入医院的,当我赶到医院的时候,儿子出生了,妻子却住进了烧伤科病房。

那段日子是可怕的,现在想起来依然是那么可怕。如果不是好心的同事伸出援助之手,我们的家庭早已经在灾难中破碎。

命运不因为期盼而改变,却因拼争而逆转。报考公务员,不是因为我不爱自己的教师岗位,而是因为那是我解决两地分居的手段。应考的复习资料被揉烂了,书不知被翻过了多少遍。我敢说,在那段日子,我比所在学校的任何一个学生都勤奋。

学习再度改变命运。"吃书"的日子结出的果实,重要的不在于我成为教育局的公务员,而在于我成功地解决了两地分居。

"留学"在兴发

从教师到教育局干部再到县报编辑、记者,我是在学习中变通、应对的。在从事新闻工作的第二个年头,我就获得了全国县市报好新闻二等奖,但事业的发展不能够改变经济上的实力。入不敷出的日子,酝酿着一场"穷则思变"的蜕变。此间,让我留恋的是在草原兴发的日子。

我们夫妇俩各自走出了自己的村落,但我们依旧是农家的孩子。读完大学,帮弟弟、妹妹完成学业,我们责无旁贷;母亲患肝硬化长达6年,我们的月工资有时只能支付医院开出的两支蛋白。无力回天,我们送母亲安详地离去。儿子5周岁了,当他趴在墙头上看邻居家的电视时,他哪里知道这样会伤害家里的自尊。面对此情此景,我们做父母的几乎心碎。拥有一台电视,对于工薪族来说不算奢求,但当我们搬回一台属于自己的黑白电视时,已是参加工作后的第8个年头。

就在下海的人有了几分厌倦,或是商界的晴雨表启迪人们纷纷上岸的时候,我下海了——义无反顾、毅然决然,尽管是一介书生、一贫如洗。那时候,我对商界的事情一无所知，只知道自己作为一个"无产者"，已经没有别的道路可走。从"无冕之王"到底层商贩，从一贫如洗到全面亏损，从昔日的朋友到上门追讨"利息的利息者"，世态炎凉，尽收眼底。庆幸的是，经过了同伴欺骗、捉弄甚至是极端化的步步紧逼之后，我没在那个心脏急促跳动的瞬间猝死。

危难之中不但不分手反而相濡以沫的夫妻是患难夫妻。家难当头的日子，我们的婚姻质量得到了检验并得到了提升。绝望的时候，爱人把我招回家——那个虽然很破落但又很温暖的家。身心逐步恢复的日子，爱人把她读过的《初来香港的人》讲给我，告诉我从零做起甚至是从负数做起。于是，在经商失败后，我选择了打工。

在上市公司草原兴发工作的日子，我近距离地接触了总经理张振武。我惊奇地发现，以社会责任为己任的大企业家和坑蒙拐骗的不法商贩之间，原来不是层次的差别，而是门类的不同，正所谓"物以类聚，人以群分"。与唯利是图的商贩在一起，如坐针毡；与关注民族、民生的企业家在一起，如临春风。为了发展这家集体企业，张振武总经理有时把睡眠安排在外出的列车上，治病输液也是安排在夜间。在我最需要钱的时候，我真的体会到人格比金钱宝贵许多。在尊重人才的企业，我找回了应有的自尊，得到了应有的礼遇。短短的几个月，留给我的记忆是美好的、永久的。我写的《留学在兴发》《为月薪300元流泪》，在公司报纸发表后，极大地鼓舞了职工的士气；我主持拍摄的专题片《田野壮歌》，撰写的人才招聘宣言《我们的人才观》成为公司的经典之作。我的工资超过了总经理，这让我如履薄冰。

说"留学"在兴发是丝毫也不过分的，因为这样的体验式学习是学校里的学习所不能替代的。那段日子，使我进一步强化了这样的人生理念：做人要做有益于别人的人，做事要做堂堂正正的事。我还认识到，一个人是在做事情的过程中实现自身价值的，这里重要的不在于做什么，而在于以什么态度去做，做到什么程度。这一点，对于我后来的"个体讲学"来说，是一个良好的精神铺垫。

弄斧到班门

华罗庚先生说过"下棋找高手，弄斧到班门"，讲的是求学之道、成才之道。我的成长经历，也印证了华罗庚先生的真知灼见。

第一次班门弄斧，是在刚刚走上讲坛的时候。如果把工作了十几年、几十年的前辈比作"识途老马"的话，那么刚刚走上讲台的我只能算是"初生牛犊"。按理说，当老教师们都纷纷自谦，唯恐言语不当，不愿意写下一点东西的时候，我贸然地张扬自己要写一种叫作"书"的东西，那是对前辈长期劳动的极大不恭。但我没有不恭的意思，我只是采用了"班门弄斧"学习法，在能人面前、在有资历的人面前做了一点自己想做的事情。我向周围的老师们借书，请他们评点自己的书稿，请他们

光临自己面向学生举办的学习方法讲座。他们的鼓励与批评催生了我的《学习过程 36 计》，他们的肯定使得我有勇气把书稿交给了出版社，他们的认同使得我在书稿被压的 2000 多个日子里没有失去自信。

第二次班门弄斧，是在离开草原兴发的日子。当我没有任何"外包装"，以自然人的身份去某重点中学兜售自己的书的时候，没有名家的"签名售书"，没有名字前面一连串的修饰语和那些与身价对应的"讲课费"，有的只是"免费试听，购书自愿"。在一所当地有名的重点中学，书没卖出多少，但评价却令人鼓舞。校领导说："你讲的质量并不亚于学校耗资千余元从北京请来的专家。"我知道，他不是在奉承我，因为他没有奉承的必要。"不亚于专家"，就要当专家，我做起了专家梦。所不同的是，我不拿工资，做的是"个体科研"、"个体讲学"，以一个"独行侠"的姿态班门弄斧，闯名校，访名师，传播学习科学，造福莘莘学子，并由此获取几分薪水。此间，我创作了《学会学习——中学生学习方法》一书并迅速出版，该书以独立的知识产权成为我"个体讲学"的名片。

第三次班门弄斧，是在全国学习科学研讨会的大会发言席上。1996 年 10 月 20 日，全国学习科学研讨会在天津教科院召开，在与会的大约 300 名代表中，我是唯一的"个体讲学人"。独特的身份、独特的认识视角、独特的行为方式，使得我被推到了大会发言席。行家看门道，与会代表发现，学习科学研究的"倒立的金字塔"被我翻转了 180 度，抽象的变为具体，枯燥的变为生动，"可亲、可感、可行"的鲜活特色使得我那 15 分钟的发言赢得了热烈的掌声。会下，代表们抢购我的书，询问我的联系方式。后来，经天津市人事局批准，我被破格调入天津，举家一同迁入。据办事人员介绍，天津市人事局每年从外地调入的人才都有严格的规格限制和指标限制。所谓"规格"，指的是高科技人才，而高级人才的标志之一就是高级职称。当时，我是无单位、无职称、无挂靠的"三无人员"。这里，当然应该感谢天津兴国学校老校长郑秉洳先生的赏识与吸纳。老校长早年毕业于北京大学，曾任天津市河西区教育局局长、津南区教育局局长及南开大学校长助理等职。老校长半个世纪积累的威望，他为光大事业孜孜以求的执著精神打动了区政府、打动了市人事局。据说，老校长用来说明我是人才的证据之一，就是那次会议上被抢购的那本书。专家的刮目，同行的认同，我的命运由于这次会议而改写。

一个寒冷的冬日，我们选了一个上好的西瓜，准备送给老校长，试图以此表达感激之情。那天，我们走进了老校长的屋里，东西却被隔离在门外。老校长早年参加革命工作，官至副厅级，洁身自好，初衷不改。他说："把东西带走，是对我人格的尊重。"先生一贯重公众事业、轻个人财产，他全家为兴国学校捐献财物总值达 17 万元。先生致力于学习科学研究，首倡学习教育。他的治学精神时时感动着我们，我们不敢怠慢，只能孜孜以学。如今，我们把自己的一些学习体会呈现给读者，如果读者能够从中受到些许启发,那么我们就会不胜欣慰。面对广大读者,我们在班门弄斧,也是在抛砖引玉。

感谢父母。在那个物质极度匮乏的年代,在视野并不宽广的情况下,他们排除万难,把希望寄托于我们,寄托于"学习改变命运"。

感谢老师。他们中,很少有远近闻名的名师,可是他们尽心尽力,面对学生尽其所能。

感谢磨难。磨难是上帝的恩赐,它给人以改变与提升的机会。磨难,意味着原有的路径已经行不通,它迫使我们改变;磨难,意味着原有的能量已经不足,它迫使我们充电提升。没有磨难,就没有蜕变;没有蜕变,就没有新生。

磨难不只是挑战,更是机遇。

命运不只是机遇,更是选择。